나도 SNS 할 수 있다!
카카오톡 + 밴드 + 유튜브 + 인스타그램

김로사(로사쌤) 지음

아들, 딸보다 더 친절하게 알려주는 SNS 설치부터 활용하는 방법

정보문화사
Information Publishing Group

나도 SNS 할 수 있다!

초판 1쇄 인쇄 | 2019년 1월 10일
초판 1쇄 발행 | 2019년 1월 15일

지 은 이 | 김로사
발 행 인 | 이상만
발 행 처 | 정보문화사

책 임 편 집 | 최동진
편 집 진 행 | 노미라

주   소 | 서울시 종로구 대학로 12길 38 (정보빌딩)
전   화 | (02)3673-0037(편집부) / (02)3673-0114(代)
팩   스 | (02)3673-0260
등   록 | 1990년 2월 14일 제1-1013호
홈 페 이 지 | www.infopub.co.kr

I S B N | 978-89-5674-795-8

머리말

바쁜 현대인에게 있어 스마트폰을 통한 소통은 매우 중요합니다. 서로 만나지 못해도 SNS를 통해 이야기를 나누고, 직접 사진을 전달하지 않아도 어떻게 지내는지 소식을 알 수 있습니다. 그 활용도가 매우 높은 만큼, 각 SNS의 기능을 정확히 알고 필요에 따라 사용할 수 있는 능력 또한 매우 중요하다고 할 수 있습니다.

한 번은 어르신께서 저를 찾아와 스마트폰 용량이 부족하다며 스마트폰을 교체해야겠다고 말씀하셨습니다. 그리고 카카오톡이 용량을 많이 차지한다고 하여 가끔 채팅방을 '나가기'한다고도 하셨습니다. 하지만 채팅방을 나가면 사진/영상뿐 아니라 그 동안의 모든 대화가 사라지게 됩니다.

그때까지 카카오톡의 기본 기능만 수업하던 저는, 조금 더 깊이 있는 수업이 필요하다고 생각하여 미디어 파일 삭제를 통해 카카오톡이 차지하는 스마트폰의 용량을 확보하는 법을 알려드렸고, '나가기'를 하지 않아도 스마트폰의 용량이 부족해지지 않는다는 것을 정확히 말씀드렸습니다. 어르신께서는 이제 스마트폰을 구입하지 않아도 되겠다며 매우 기뻐하셨습니다.

이제 더 많은 분들의 어려움을 해결해 드리고, SNS를 좀 더 스마트하게 사용할 수 있도록 로사쌤이 이 책을 통해 도와드리겠습니다. 온 국민이 거의 다 사용한다고 해도 부족함이 없는 '카카오톡', 동호회 등 모임 관리에 매우 유용한 '밴드', 재미난 영상부터 공부를 도와주는 강의까지 모든 영상이 모여있는 '유튜브', 그리고 나를 표현하고 일상을 기록하는 '인스타그램'까지 담아 여러분을 찾아갑니다.

많은 분들이 이 책을 통해 조금 더 재미있고 유용하게 SNS를 사용하게 되기를 바랍니다. 책으로 공부하다가 어려운 점이 있다면 블로그 '로사쌤의 컴교실(happynut.blog.me)'과 이메일(happynut@naver.com) 또는 카카오톡(legendrosa)으로 질문 주세요.

김로사 (로사쌤)

스마트폰 화면 구성

❶ 알림 센터
시간과 새로운 알림, 와이
파이 접속 여부, 배터리
잔량 등을 확인할 수 있
습니다.

❷ 위젯
사용자가 홈 화면에서 내
용을 확인하고 바로 사용
할 수 있도록 만든 기능
입니다. 날씨, 주식, 달력
등의 기능을 등록하여 사
용합니다.

❸ 홈 화면:
스마트폰의 홈 단추를 누
르면 나타나는 화면입니
다. 화면을 왼쪽 또는 오
른쪽으로 드래그하여 다
음 화면을 확인할 수 있
습니다.

❹ 앱스(앱)
스마트폰에 설치된 모든
앱(응용 프로그램)을 확
인하고 실행할 수 있습니
다. 갤럭시S8 이후 모델
은 화면을 위로 밀면 앱
스 목록을 보여줍니다.

SKT 92% 오전 6:24

6:24 오전
8월 1일 수요일

☀ 26°
◉ 남동구
미세먼지 : 보통
업데이트 8/1 오전 5:12

Play 스토어   갤러리   Play 뮤직   NAVER

YouTube   네이버 메일   네이버 캘린더   BAND

T전화   메시지   카카오톡   카메라   앱스

삼성 스마트폰

LG 스마트폰

▶▶▶ 홈

스마트폰 하단의 가운데에 배치된 아이콘 또는 스마트폰 기계의 아래쪽에 만들어진 버튼입니다. 실행 중이던 작업을 숨기고 홈 화면을 보여줍니다. 홈 버튼을 눌렀을 때 앱이 종료되지 않고 숨겨진다는 사실도 기억하세요. 앱을 종료할 때는 최근 실행한 앱 목록 단추(▣ 또는 ▣)를 터치해야 합니다.

- 삼성 스마트폰 : ▣
- LG 스마트폰 : ◉

▶▶▶ 이전화면

바로 이전 화면으로 되돌아갑니다. 일반적으로 삼성 스마트폰은 오른쪽에, LG 스마트폰은 왼쪽에 배치되어 있습니다.

- 삼성 스마트폰 : ←
- LG 스마트폰 : ◁

▶▶▶ 최근 실행한 앱 목록

실행 중인 앱 목록을 확인하고 종료할 수 있습니다. 일반적으로 삼성 스마트폰은 왼쪽에, LG 스마트폰은 오른쪽에 배치되어 있습니다.

- 삼성 스마트폰 : ▣
- LG 스마트폰 : ▣
- 일부 기종 : ▢

스마트폰 동작

▶▶▶ 터치

스마트폰을 가볍게 누르는 동작입니다. 앱이나 메뉴를 선택하고 실행할 때 사용합니다. 컴퓨터에서 마우스 왼쪽 버튼을 누르는 동작과 비슷합니다.

▶▶▶ 오래 터치

스마트폰의 특정 위치나 앱을 오래 터치(약2초)하면 관련 메뉴가 나타납니다. 컴퓨터에서 미우스 오른쪽 버튼을 누르는 동작과 비슷합니다.

▶▶▶ 스크롤

스마트폰의 화면을 세로 방향으로 밀어주어 안 보이는 화면을 보이게 하는 동작입니다. 컴퓨터에서 마우스 휠을 굴리는 동작과 비슷합니다. 다음과 같이 갤러리가 실행되어 있을 때, 화면을 위로 스크롤하면 더 많은 앨범을 확인할 수 있습니다.

▶▶▶ 스와이핑

터치스크린 화면에 손가락을 대고 **가로 방향으로** 밀어주는 동작입니다. 삼성 스마트폰의 갤러리에서 오른쪽으로 스와이프하면 앨범이 아닌 스토리를 확인할 수 있습니다.

▶▶▶ 슬라이딩(드래그)

특정 항목을 누른 채 밀어주는 동작입니다. 아이콘을 이동하거나 삭제할 때 많이 사용합니다. 다음과 같이 아이콘을 슬라이딩하여 위쪽으로 이동하였습니다.

이 책의 **목차**

머리말 ··· 005
스마트폰 화면 구성 ·· 006
스마트폰 동작 ··· 008

PART 01

카카오톡

Chapter01 **카카오톡 설치하고 시작하기**

- 카카오톡 설치하기 ··· 020
- 문자 모아보기, 해제하기 ·· 030
- 카카오톡 ID 등록하기 ·· 031
- 카카오톡 ID로 친구 추가하기 ······························ 033
- QR코드로 친구 추가하기 ······································· 034
- 즐겨찾기로 친구 등록하기 ····································· 036
- 즐겨찾기 순서 변경하기 ··· 037
- 카카오톡으로 메시지 보내기 ·································· 039
- 카카오톡 메시지 삭제하기 ····································· 041
- 인터넷 사이트 링크 전송하기 ································· 043
- 유튜브 영상 전송하기 ·· 045
- 카카오톡으로 사진 전송하기 ·································· 047
- 카카오톡으로 받은 사진 저장하기 ·························· 049
- 카카오톡으로 전송받은 사진 공유하기 – 카카오톡으로 보내기 ··· 051

- 카카오톡으로 전송받은 사진 공유하기 – 메시지로 공유 ·········· 052
- 묶어보내기 활용하기 ··· 054
- 카카오톡으로 동영상 전송하기, 저장하기 ······························· 058
- 촬영하여 전송하기 ·· 061
- 카카오톡으로 선물하기 ··· 063
- 카카오톡으로 선물받기 ··· 070
- 카카오톡으로 송금하기 ··· 071
- 송금 받은 돈을 내 통장으로 이체하기 ···································· 077
- 더치페이 송금 요청하기 ·· 080
- 그룹콜 활용하기 ·· 083
- 카카오톡으로 영화 예매하기 ·· 086
- 카카오톡으로 예매한 영화 취소하기 ······································ 091
- 대화내용 캡처하여 저장하기 ·· 092
- 대화내용 캡처하여 전달하기 ·· 094
- 음성메시지 전송하기 ·· 096
- 카카오톡 프로필 전송하기 ··· 097
- 연락처(전화번호) 전송하기 ·· 098
- 카카오톡으로 받은 연락처(전화번호) 저장하기 ·························· 099
- 카카오톡으로 지도 전송하기 ·· 100
- 카카오톡으로 파일(음악) 전송하기 ·· 102
- 카카오톡으로 받은 음악 저장하고 듣기 – 삼성 스마트폰 ········ 103
- 카카오톡으로 받은 음악 저장하고 듣기 – LG 스마트폰 ·········· 105
- 이모티콘 활용하기, 구입하기 ··· 107
- 친구 이모티콘 구입하기 ··· 111
- #을 이용하여 검색하기 ·· 112
- 카카오톡으로 받은 메시지 전달하기 ······································ 114
- 카카오톡으로 그룹 채팅하기 ·· 116

Chapter02 채팅방 정보 설정하기

- 채팅방 알림 끄기, 켜기 ··· 122
- 채팅방을 즐겨찾기에 추가하기, 해제하기 ································· 124

🔵 홈 화면에 바로가기 추가하기 ················· 125

🔵 채팅방 나가기 ····························· 126

🔵 채팅방 알림음 변경하기 ···················· 127

🔵 채팅방 미디어 파일 삭제하기 ················ 128

🔵 초대 거부 및 나가기 ······················ 130

🔵 채팅창에 다른 친구 초대하기 ··············· 131

🔵 그룹 채팅에서 친구 추가하기 ··············· 132

🔵 알약M을 이용하여 모든 미디어 파일 제거하기 ··· 133

🔵 친구 숨기기 ····························· 139

🔵 숨긴 친구 해제하기 ······················ 140

🔵 친구 차단하기 ·························· 141

🔵 프로필 비공개로 차단하기, 해제하기 ········· 142

🔵 프로필 – 사진 변경하기 ··················· 144

🔵 프로필 –배경사진 변경하기 ················ 146

🔵 프로필 –상태메시지 변경하기 ·············· 147

🔵 프로필 꾸미기 –카카오톡 치즈 활용하기 ····· 148

Chapter03 카카오톡 PC 버전 활용하기

🔵 카카오톡 PC 버전 설치하기 ················ 151

🔵 카카오톡 PC 버전 로그인하기 ·············· 154

🔵 PC에서 카카오톡으로 채팅하기 ············· 156

🔵 전송한 글 삭제하기 ······················ 157

🔵 공지로 설정하기 ························· 158

🔵 공지 내리기 ···························· 159

🔵 컴퓨터에 저장된 사진을 카카오톡으로 전송하기 ··· 160

🔵 받은 사진을 컴퓨터에 저장하기 ············· 161

🔵 복사한 내용을 카카오톡으로 전송하기 ········ 162

🔵 컴퓨터의 파일을 카카오톡으로 전송하기 ······ 164

🔵 받은 파일을 컴퓨터에 저장하기 ············· 165

🔵 받은 파일을 다른 폴더에 저장하기 ··········· 166

🔵 받은 파일을 스마트폰에 저장하기 ··········· 167

🗨 모아보기 ··· 168

🗨 컴퓨터에서 카카오톡 로그아웃 하기 ································ 169

밴드

Chapter01 밴드 시작하기

ⓑ 밴드 설치하기 ··· 172

ⓑ 밴드 가입하기 ··· 177

ⓑ 밴드 글 확인하기 ·· 179

ⓑ 밴드 메뉴 살펴보기 ··· 181

ⓑ 밴드 프로필 변경하기 ··· 182

ⓑ 밴드 알림 해제하기 ··· 184

ⓑ 밴드 탈퇴하기 ··· 185

Chapter02 밴드 만들기

ⓑ 밴드 만들기 – 비공개 밴드 ······································ 186

ⓑ 밴드에 초대받아 가입하기 ·· 189

ⓑ 밴드 만들기 – 공개 밴드 ··· 190

ⓑ 공개 밴드 검색하여 가입하기 ····································· 192

ⓑ 밴드 정보 설정하기 ··· 194

ⓑ 대표태그 설정하기 ·· 199

Chapter03 글쓰기와 글 관리하기

ⓑ 밴드에 글쓰기 ··· 201

ⓑ 사진을 추가하여 글쓰기 ··· 202

ⓑ 글 수정하기, 삭제하기 ·· 205

ⓑ 공지로 등록하기 ··· 206

ⓑ 다른 밴드에 글 공유하기 ··· 207

ⓑ 카카오톡으로 글 전송하기 ……………………………………… 208
ⓑ 북마크 설정하기, 확인하기 …………………………………… 209

Chapter04 다양한 방법으로 글쓰기

ⓑ 동영상 올리기 ………………………………………………… 210
ⓑ 유튜브 동영상 올리기 ………………………………………… 212
ⓑ 투표 올리기 - 복수 선택 가능 ……………………………… 214
ⓑ 투표 올리기 - 한 개만 선택 가능 …………………………… 218
ⓑ 투표 올리기 - 무기명 투표 ………………………………… 219
ⓑ 음성 녹음 파일 올리기 - 음성 녹음 앱 활용 ……………… 221
ⓑ 음성 녹음 파일 올리기 - 이지 보이스 레코더 앱 활용 ………… 224
ⓑ 음성 녹음 파일 확인하기, 저장하기 ………………………… 228
ⓑ 저장한 음성 녹음 파일 확인하기 - 삼성 스마트폰 ……… 229
ⓑ 저장한 음성 녹음 파일 확인하기 - LG 스마트폰 ………… 230
ⓑ 파일 올리기 …………………………………………………… 231
ⓑ 글에 첨부된 파일 열기 ……………………………………… 233
ⓑ 글에 지도 첨부하기 ………………………………………… 235
ⓑ To-Do 작성하기 ……………………………………………… 236
ⓑ 참가 신청서 작성하기 ……………………………………… 239
ⓑ 일정 작성하기 ………………………………………………… 247
ⓑ 출석부 만들기 - 일정 참가자 자동 등록 ………………… 253
ⓑ 출석부 만들기 - 멤버 선택하여 등록 …………………… 255
ⓑ N빵으로 더치페이 설정하기 ……………………………… 257
ⓑ 글 예약하기 …………………………………………………… 261

Chapter05 다양한 댓글 작성하기

ⓑ 이모티콘 활용하기 …………………………………………… 262
ⓑ 이모티콘 구입하기 …………………………………………… 264
ⓑ 댓글에 사진, 동영상 남기기 ………………………………… 266
ⓑ 댓글에 파일 올리기 ………………………………………… 267
ⓑ 댓글에 음성 메시지 올리기 ………………………………… 268

ⓑ 댓글 삭제하기 ·· 269

Chapter06 밴드 채팅 활용하기

ⓑ 밴드 채팅 시작하기 ··· 270
ⓑ 밴드 채팅에 초대받아 시작하기 ······································· 273
ⓑ 음성으로 채팅 듣기 ··· 275
ⓑ 그룹콜로 통화하기 ··· 276
ⓑ 채팅방 알림 설정하기 ·· 278
ⓑ 채팅 종료하기 ··· 279
ⓑ 채팅방 새로 만들기 ··· 280

Chapter07 PC에서 밴드 활용하기

ⓑ PC에서 밴드 접속하기 ··· 281
ⓑ 새소식 확인하기 ··· 283
ⓑ 글 올리기 ··· 284
ⓑ 사진 올리기 ··· 285
ⓑ 밴드에 올라온 사진 저장하기 ·· 286
ⓑ 동영상 올리기 ··· 287
ⓑ 파일 올리기 ··· 288
ⓑ 밴드에 올라온 파일 저장하기 ·· 289
ⓑ 유튜브 동영상 올리기 ·· 290
ⓑ 글 수정하기, 삭제하기 ·· 292
ⓑ 글 공유하기 ··· 293
ⓑ 북마크 설정하기, 해제하기 ·· 294
ⓑ 글 검색하기 ··· 295
ⓑ 밴드별 프로필 설정하기 ··· 296
ⓑ 새소식 알림 설정 변경하기 ·· 298
ⓑ PC에서 밴드 탈퇴하기 ··· 299

유튜브

Chapter01 **영상 감상하기**
- ▶ 영상 검색하기, 감상하기 ·································· 302
- ▶ 나중에 볼 동영상으로 저장하기, 확인하기 ·········· 304
- ▶ 유용한 채널 구독하기 ······························· 306

Chapter02 **유튜브 프리미엄 활용하기**
- ▶ 유튜브 프리미엄 무료 체험하기 ····················· 307
- ▶ 오프라인 영상 저장하기 ····························· 309
- ▶ 오프라인 영상 확인하기 ····························· 310
- ▶ 유튜브 프리미엄 취소하기 ·························· 311

Chapter03 **설정 변경하기**
- ▶ 모바일 데이터 사용 제한하기 ······················· 312
- ▶ 제한 모드 설정하기 ·································· 313
- ▶ 다음 동영상 자동 재생 해제하기 ···················· 315
- ▶ 알림 해제하기 ····································· 316
- ▶ 유튜브 활동 기록 삭제하기 ·························· 317

인스타그램

Chapter01 **인스타그램 시작하기**
- ◉ 인스타그램 가입하기 ································ 322
- ◉ 프로필에 웹사이트 등록하기 ······················· 328

◉ 프로필에 이메일 등록하기 ································ 330

Chapter02 사진 올리기

◉ 인스타그램에 사진 올리기 ···························· 332

◉ 해시태그 활용하기 ····································· 336

Chapter03 글 관리하기

◉ 글 수정하기, 삭제하기 ······························· 340

◉ 카카오톡으로 공유하기 ······························· 342

◉ 좋아요와 댓글 남기기 ······························· 344

◉ 댓글 확인하기 ··· 346

◉ 글 숨기기, 취소하기 ································· 347

Chapter04 친구 관리하기

◉ 친구 찾아 팔로우하기, 취소하기 ····················· 349

◉ 이름을 검색하여 팔로우하기, 메시지 보내기 ··········· 351

◉ 받은 메시지 확인하기 ······························· 352

Chapter05 앱 설정하기

◉ 비공개 계정으로 변경하기 ···························· 354

◉ 좋아요 누른 게시물 확인하기 ························ 356

◉ 댓글을 허용할 사람 선택하기 ························ 357

◉ 댓글을 차단할 사람 선택하기 ························ 358

◉ 알림 설정하기 ··· 359

◉ 인스타그램 탈퇴하기 ································· 360

찾아보기 ·· 364

KakaoTalk

나도 SNS 할 수 있다!

카카오톡

1

대화는 물론 사진과 영상 전송에 있어서도 매우 편리한 앱입니다. 특히 외국에서 보이스톡을 활용하면 값비싼 통화료를 지불하지 않고 와이파이를 이용하여 통화가 가능하며, 상대의 계좌번호를 몰라도 송금할 수 있습니다. 다만 잦은 알림과 많은 용량을 차지하여 사용자를 불편하게 하기도 하므로, 숨은 기능들을 익혀 효율적으로 사용하기 바랍니다.

CHAPTER

01

카카오톡 설치하고 시작하기

🗨 카카오톡 설치하기

카카오톡은 메시지는 물론 사진/동영상 등을 편리하게 전송할 수 있고, 그룹채팅도 가능한 채팅 앱입니다.

1 Play 스토어에서 카카오톡을 검색한 후 설치 ⇨ 열기를 터치합니다.

2 본인의 전화번호가 자동으로 입력됩니다. 허용하기를 터치합니다.

3 **허용하시겠습니까?**라고 물으면 허용을 터치합니다. 1/3이라고 되어 있으므로 세 번 허용해야 합니다.

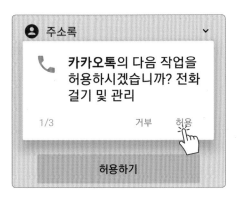

4 **이용 약관에 동의해 주세요.**가 나타나면 **이벤트 및 마케팅 활용 동의를 제외**한 3개를 터치하여 선택한 후, 동의하고 계속 진행합니다.를 터치합니다.

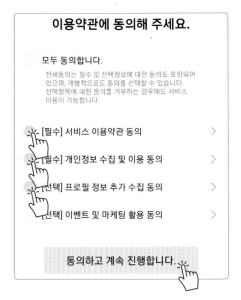

5 전화번호 인증 화면이 나타나면 확인을 터치합니다.

6 허용을 터치합니다.

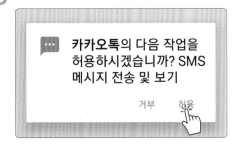

7 확인을 터치합니다.

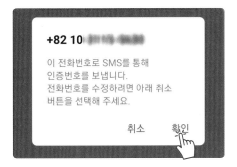

8 인증번호 입력 화면이 나타나고 스마트폰 문자메시지로 인증번호가 도착하면 자동으로 입력되어 다음으로 진행됩니다.

9 기존에 사용하던 카카오톡 계정이 있다면 로그인합니다. 그렇지 않고 새로 시작하려면 새로운 카카오계정 만들기를 터치합니다.

10 카카오계정에서 사용할 비밀번호를 똑같이 두 번 입력하고 확인을 터치합니다.

11 프로필 사진을 터치합니다.

12 **프로필 사진 등록** 화면이 나타나면 앨범에서 사진 선택을 터치합니다.

13 **사용할 애플리케이션**을 물으면 갤러리를 터치한 후 항상을 터치합니다.

14 카메라 앨범을 터치합니다.

15 카카오톡 프로필로 사용할 사진을 터치합니다.

16 자르기 ▣를 터치합니다.

17 프로필 사진의 가로:세로 비율은 1:1입니다. 프로필 사진에 맞게 자르기 위해 1:1을 터치합니다.

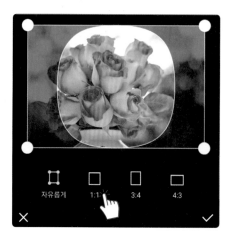

18 사진의 밝은 부분을 밀어주어, 프로필로 표시될 부분을 선택하고 ✔를 터치합니다.

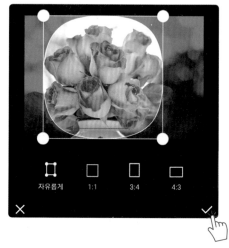

19 확인을 터치합니다.

★ 사진에 따라 필터를 선택하면 더 예쁘게 표현할 수 있습니다.

20 이름 입력 란을 터치한 후 이름을 입력하고, **생일 입력**을 터치합니다.

21 달력이 나타나면 본인이 태어난 날짜를 터치한 후 확인을 터치합니다.

★ 현재 보이는 화면에서 이전 날짜를 찾으려면 달력 화면을 오른쪽으로 밀어줍니다. 1개월씩 이전 날짜가 보입니다.

22 성별 입력을 터치합니다.

23 **성별 입력** 화면에서 본인의 성별을 선택한 후 확인을 터치합니다.

★ 남성에서 여성으로 변경하려면 화면을 위로 밀어줍니다.

24 모두 입력했다면 **확인**을 터치합니다.

25 이메일 등록 화면이 나타나면 이메일 주소를 입력하고 인증메일 발송을 터치합니다.

★ 이메일 주소를 입력하기 힘들다면 나중에 하기를 터치합니다.

26 메일 확인 화면이 나타나면 오타가 없는지 살펴보고 **확인**을 터치합니다.

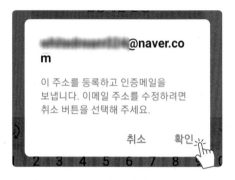

★ 메일 주소에 오타가 있다면 취소를 터치하고 다시 입력합니다.

27 메일로 도착한 인증번호를 입력하는 화면이 나타납니다.

28 홈 단추를 누르고 메일 앱을 터치합
니다. 네이버 메일을 입력했다면, 네
이버 앱을 터치합니다.

★ 네이버 메일 앱이 설치되어 있다면 앱을 터치
하는 것이 더 편리합니다.

★ Gmail을 입력했다면, Google을 터치한 후
Gmail을 터치합니다.

29 왼쪽 상단의 삼선 메뉴를 터치합
니다.

30 메일을 터치합니다.

31 메일 목록에서 카카오팀이 발송한
카카오계정 이메일을 터치합니다.

32 카카오계정 인증번호를 오래 터치합니다.

[Kakao] 카카오계정 이메일 등록 안내
2018-09-29 (토) 11:27:20

kakao 계정

카카오계정이 등록되었습니다.

아래 인증번호를 확인하여 이메일 주소 인증을 완료해 주세요.
이메일 인증을 하지 않으면 일부 서비스를 사용할 수 없습니다.

카카오계정   @naver.com
인증번호   **54743923**

33 복사를 터치합니다.

복사   공유   모두 선택   웹 검색   ⋮

54743923

34 스마트폰 하단에서 최근 실행 목록을 터치합니다.

만일 카카오계정을 등록하지 않았는데 본 메일을 받았다면 여기를 눌러주세요.
(If you received this email but did not register your

★ 삼성 스마트폰은 ◨, LG 스마트폰은 ■를 터치하면 최근에 실행한 앱을 확인하고 바로 실행하거나, ⊠ 또는 모두 닫기를 터치하여 종료할 수 있습니다.

35 카카오톡 앱이 잘 보이도록 화면을 아래로 밀어준 후 카카오톡 화면을 터치합니다.

▶ Google Play

⚙ 설정

💬 카카오톡

whiteuream324@naver.com

인증번호 8자리

확인

인증메일 재발송

나중에 하기

Ⓝ NAVER

보낸사람 카카오팀<noreply@kakao.com>

[Kakao] 카카오계정 이메일 등록 안내
2018-09-29 (토) 11:27:20

모두 닫기

kakao 계정

36 인증번호를 입력할 부분을 오래 터치하여 붙여넣기를 터치합니다.

37 인증번호가 복사되면 확인을 터치합니다.

38 카카오톡이 시작되었습니다.

📱 문자 모아보기, 해제하기

문자 모아보기는 스마트폰으로 도착한 문자메시지를 카카오톡에서 확인할 수 있도록 하는 기능입니다. 매우 편리한 듯 하지만, 카카오톡 메시지는 일반적으로 가족, 친구, 동료들과의 메시지이고 문자메시지는 은행, 업무, 관공서 등의 메시지이므로 두 종류의 메시지가 섞이면 오히려 중요한 메시지를 놓칠 수 있습니다.

1 채팅 목록 💬 에서 **문자 모아보기** 를 터치합니다.

2 **문자 모아보기를 사용하시겠습니까?** 라고 물으면 **취소**를 터치합니다.

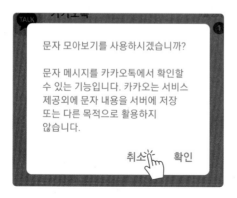

3 **확인**을 터치합니다.

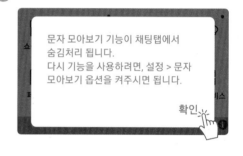

4 화면 하단에서 **친구 목록** 👤을 터치합니다.

💬 카카오톡 ID 등록하기

카카오톡 ID를 등록하면, 상대방에게 전화번호를 알려주지 않고 아이디로 검색하여 친구로 추가할 수 있습니다.

1 카카오톡 실행 후 친구 목록 👤에서 내 이름을 터치합니다.

2 프로필 관리를 터치합니다.

3 **프로필 관리** 화면이 나타나면 화면을 위로 올려 카카오톡 ID를 터치합니다.

★ 이미 아이디 등록을 했다면 카카오톡 ID 란에 영어로 된 아이디가 표시되어 있는데, 그렇다면 입력하지 않아도 됩니다.

4 영어와 숫자를 이용하여 새로운 카카오톡 아이디를 입력하고 확인을 터치합니다.

☆ 네이버 아이디와 같게 입력해도 됩니다. 다만 다른 사람이 사용 중라는 메시지가 나타나면 다른 아이디를 입력해야 합니다.

5 **등록하시겠습니까?**라고 물으면 확인을 터치합니다.

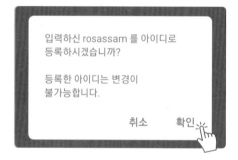

6 다시 한 번 확인을 터치합니다.

7 카카오톡 ID가 등록됨을 확인한 후, 뒤로 ←를 터치합니다.

8 ╳를 터치하여 내 프로필 확인을 종료합니다.

카카오톡 ID로 친구 추가하기

카카오톡은 전화번호를 등록하면 자동으로 친구가 추가되는 경우가 많습니다. 하지만 QR코드나 아이디를 이용하여 친구로 등록할 수도 있습니다.

1 친구 목록 👤을 터치한 후 오른쪽 상단의 친구 추가 ⚇를 터치합니다.

2 ID로 추가를 터치합니다.

3 아이디 입력 란을 터치하여 친구의 아이디를 입력하고 찾기를 터치합니다.

4 친구 추가를 터치하면 로사쌤이 친구로 추가됩니다.

☆ 아이디 검색에서 legendrosa를 검색해서 친구 추가를 해 보세요!

TALK QR코드로 친구 추가하기

바로 옆에 있는 사람을 친구로 등록하려면 QR코드를 이용하면 빠르고 편리합니다.

1 **상대방 스마트폰**의 친구 목록 👤을 터치한 후 오른쪽 상단의 친구 추가 👥를 터치합니다.

2 QR코드를 터치합니다.

3 **허용하시겠습니까?**라고 물으면 허용을 터치합니다.

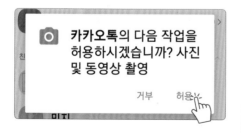

4 친구추가를 터치합니다.

5 QR코드가 나타납니다.

위 QR 코드를 스캔하면
카카오톡 친구를 바로 추가할 수 있습니다.

★ ↺ : 기존 QR코드를 삭제하고 새로운 코드를 생성합니다.

★ ⬆ : QR코드를 다른 사람에게 전송하거나 다른 앱으로 공유합니다.

★ ⬇ : QR코드를 갤러리에 저장합니다.

6 **내 스마트폰**에서 친구 목록 👥을 터치한 후 오른쪽 상단의 친구 추가 👤를 터치합니다.

7 QR코드를 터치합니다.

8 **허용하시겠습니까?**라고 물으면 허용을 터치합니다.

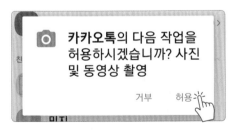

9 **코드스캐너** 화면이 나타나면 내 스마트폰으로 친구의 QR코드를 촬영하듯이 가져갑니다.

10 친구의 프로필이 나타나면 확인하고 친구 추가를 터치합니다.

💬 즐겨찾기로 친구 등록하기

최근에 추가된 친구는 새로운 친구 목록에 나타납니다. 이 친구와 자주 채팅하기 위해서 즐겨찾기로 등록해 봅니다.

1 친구 목록 👤에서 즐겨찾기로 등록할 친구의 이름을 오래 터치합니다.

2 즐겨찾기에 추가를 터치합니다.

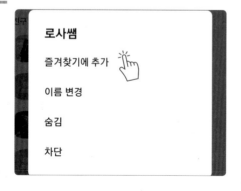

3 즐겨찾기에 친구가 추가되었습니다.

🅣🅐🅛🅚 즐겨찾기 순서 변경하기

자주 대화하는 친구를 쉽게 찾을 수 있도록 즐겨찾기에 추가했지만, 즐겨찾기에 추가된 친구가 너무 많으면 소중한 가족이나 친한 친구가 아래쪽으로 밀려서 보이지 않는 경우가 있습니다. 이때, 가장 소중한 사람을 맨 위로 배치해서 쉽게 찾을 수 있도록 설정하는 방법을 살펴보겠습니다.

1 즐겨찾기에 여러 친구들이 등록되어 있습니다. 설정 ⚙을 터치합니다.

2 편집을 터치합니다.

3 위로 올리고자 하는 친구의 ▤를 터치한 채 위로 드래그합니다.

카카오톡

4 드래그한 친구가 위로 배치됩니다.

5 채팅방의 순서가 원하는대로 배치
되면 뒤로 ←를 터치합니다.

6 즐겨찾기 목록의 순서가 바뀌었습
니다.

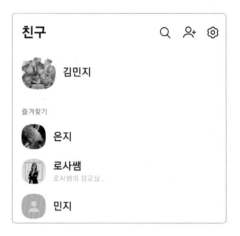

카카오톡으로 메시지 보내기

카카오톡으로 메시지를 보내면 상대방이 읽었는지 여부를 확인할 수 있고, 사진과 영상을 전송하기 매우 편리합니다.

1 메시지를 받을 사람을 터치합니다.

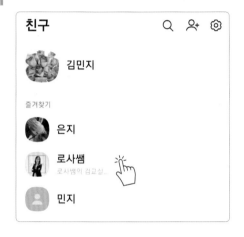

⭐ 이름 찾기가 힘들다면 상단의 검색 기능을 이용합니다.

① 검색을 터치합니다.

② 채팅할 사람의 이름을 입력한 후, 검색 결과에서 이름을 터치합니다. 각 글자의 첫 소리, 즉 초성만 입력해도 검색 가능합니다.

2 1:1채팅을 터치합니다.

⭐ **무료통화** : 터치하면 무료로 전화통화를 할 수 있습니다.

⭐ **보이스톡** : 일반 전화와 같이 목소리로 통화합니다.

⭐ **페이스톡** : 화상 전화로 얼굴을 보며 통화할 수 있습니다.

★ **허용하시겠습니까?** 메시지가 나타나면 허용을 터치합니다.

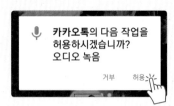

★ 보이스톡 전화를 받는 사람은 다음과 같은 화면이 나타납니다. ☎를 터치하면 통화할 수 있습니다.

★ 외국에 있는 친구나 가족과 통화할 때 보이스톡과 페이스톡이 유용합니다. 다만 데이터 통신을 이용해 통화하므로, 와이파이가 연결되지 않을 때는 데이터 요금이 발생할 수 있고, 인터넷 연결 상태에 따라 잡음이나 통화 끊김이 발생할 수 있습니다.

★ ⟨카카오스토리⟩ 는 카카오스토리를 이용하는 친구일 때만 보입니다. 친구가 카카오스토리 앱을 이용하지 않는다면 보이지 않습니다.

3 글을 입력할 부분을 터치하여 글을 입력한 후 ▶를 터치합니다.

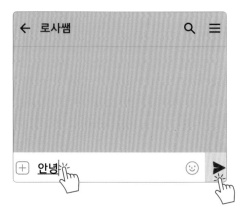

4 내가 보낸 메시지는 **노란색 말풍선**으로 표시됩니다. 메시지 옆의 노란 **1**은 **상대방이 아직 메시지를 읽지 않았다는 뜻**입니다.

5 친구가 대답을 하면 **하얀 말풍선**으로 표시됩니다.

🗨 카카오톡 메시지 삭제하기

카카오톡은 항상 여러 채팅방이 준비되어 있어서, 실수로 다른 채팅방에 메시지를 보내는 경우가 발생합니다. 만약 메시지를 전송한지 5분이 지나지 않았다면, 잘못 보낸 메시지를 모든 스마트폰 채팅창에서 삭제할 수 있습니다. 메시지를 전송한지 5분이 지났다면, 내 스마트폰에서는 삭제되지만 다른 사람의 스마트폰에서는 삭제되지 않습니다.

1 잘못 보낸 메시지를 오래 터치합니다.

2 삭제를 터치합니다.

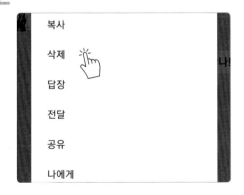

3 모든 대화 상대에게서 삭제가 선택된 상태에서 확인을 터치합니다.

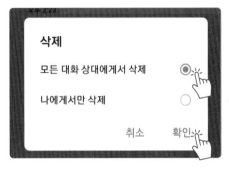

⭐ 나에게서만 삭제를 클릭하면 다른 사람의 스마트폰에서는 지워지지 않습니다.

4 삭제를 터치합니다.

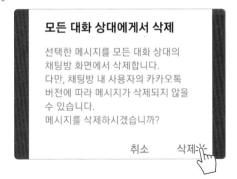

5 메시지는 삭제되었지만 흔적은 남습니다. ⓘ 삭제된 메시지입니다. 를 오래 터치합니다.

6 삭제를 터치합니다.

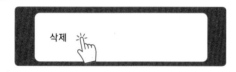

7 이 메시지는 내 스마트폰에서만 삭제 가능합니다. 확인을 터치합니다.

8 삭제를 터치합니다.

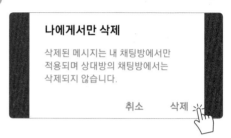

9 삭제 메시지가 지워졌음을 알 수 있습니다.

10 그러나 상대방의 스마트폰 채팅창에서는 **삭제된 메시지 말풍선**이 사라지지 않습니다.

★ 전송한지 5분이 지난 메시지는 여러 개의 메시지를 선택하여 한꺼번에 삭제할 수 있습니다.

🗨 인터넷 사이트 링크 전송하기

인터넷 검색을 하다가 좋은 글이 있어 친구에게 보내주고 싶을 때, 카카오톡을 이용하여 전송하는 방법을 살펴보겠습니다.

1 인터넷 검색은 스마트폰의 기본 인터넷 앱보다는 다음이나 네이버 앱을 사용하는 것이 여러모로 편리합니다. 네이버 앱을 실행한 후 마음에 드는 글을 찾아 터치합니다.

2 글이 표시되면 하단의 공유 ⤴를 터치합니다.

3 카카오톡을 터치합니다. 카카오톡 이외에 다른 앱으로 공유할 수도 있습니다.

4 글을 보낼 **친구** 또는 **채팅방**을 선택합니다.

★ 채팅 을 터치하면 채팅방 목록을 확인할 수 있습니다.

5 확인을 터치합니다

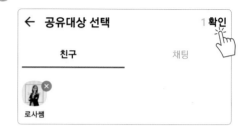

6 글이 전송되었습니다.

🔘 유튜브 영상 전송하기

친구에게 좋은 노래나 영상을 보내고 싶다면 유튜브의 공유 메뉴를 이용합니다. 유튜브의 영상을 카카오톡으로 전송하는 방법을 살펴보겠습니다.

1 YouTube(유튜브) 앱을 터치합니다.

2 영상을 검색하기 위해 🔍를 터치합니다.

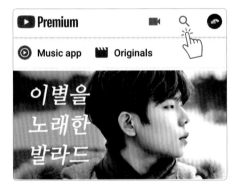

3 예를 들어 이선희를 입력한 후 하단의 자동 완성 목록 중에 마음에 드는 노래가 없다면 노래 제목까지 모두 입력하거나, 키보드의 🔍를 터치하여 영상을 직접 검색합니다.

4 검색 결과 중에 마음에 드는 **영상**을 터치합니다.

5 **공유** ↗를 터치합니다.

6 공유할 앱 목록에서 **카카오톡**을 터치합니다.

7 영상을 **전송받을 친구** 또는 채팅방을 선택하여 **확인**을 터치합니다.

8 영상이 전송됩니다.

💬 카카오톡으로 사진 전송하기

1 체팅방에서 ⊞을 터치합니다.

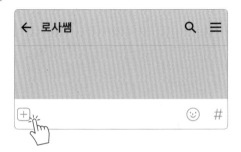

2 사진을 터치합니다.

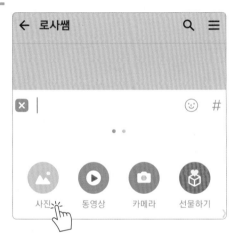

3 화면 하단에 최근에 촬영한 사진이 나타납니다. 보낼 사진을 터치하여 선택합니다. 여러 장을 선택할 수 있습니다.

4 사진의 화질을 선택하기 위해 오른 쪽 하단의 ⊠를 터치합니다.

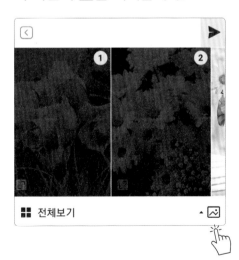

5 가장 좋은 품질의 사진으로 전송하려면 원본을 선택합니다.

⭐ 원본으로 전송하면 사진 파일의 용량이 크므로 와이파이 상태가 아니라면 데이터 요금이 과도하게 발생할 수 있습니다.

6 ➤을 터치합니다.

⭐ 사진 전송 분류별 해상도와 용량의 비교
① 원본 : 4160×2080px, 3.85MB
② 고화질 : **1440×720px**, 461KB
③ 일반화질 : **960×480px**, 148KB

⭐ 보내고자 하는 사진을 최근 사진 목록에서 찾기 힘들다면 ▦ 전체보기를 터치합니다.

⭐ 사진을 터치하여 선택하고 전송을 터치합니다.

🗨 카카오톡으로 받은 사진 저장하기

1 채팅방에서 사진을 터치하면 사진이 크게 나타납니다.

2 🔽을 터치하면 다음과 같이 저장되었습니다. 메시지가 나타나고 사진이 갤러리에 저장됩니다. 다음 사진을 저장하기 위해 화면을 오른쪽으로 밀어줍니다.

3 다음 사진이 나타나면 🔽를 터치하여 저장합니다.

4 모든 사진을 저장한 후 채팅방으로 돌아가기 위해 이전 ←을 터치합니다.

5 사진을 확인하기 위해 스마트폰의 홈 단추를 누르고 갤러리를 터치합니다.

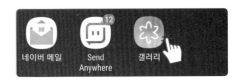

6 앨범 중에서 KakaoTalk 앨범을 터
치합니다. 삼성 스마트폰에서 Kakao
Talk 앨범이 보이지 않는다면 앨범
더보기를 터치합니다.

★ 그래도 KakaoTalk 앨범이 보이지 않는다면
화면을 위로 밀어줍니다. 일반적으로 앨범은
알파벳 순서로 정렬되어 있습니다.

7 다음과 같이 카카오톡에서 저장한
사진들을 확인할 수 있습니다.

★ 카카오톡으로 전송된 사진은 한 달 후에 카카
오톡 서버에서 삭제됩니다. 중요한 사진이라
면 꼭 스마트폰에 저장하는 것이 좋습니다.

💬 카카오톡으로 전송받은 사진 공유하기 – 카카오톡으로 보내기

1 채팅창에서 전달할 사진을 터치합니다.

2 사진을 보내기 위해 전달 ⬆️을 터치합니다.

3 사진을 전송받을 친구를 터치합니다.

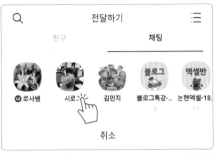

⭐ 채팅방이 아닌 친구 목록에서 선택하려면 친구를 터치합니다.

4 보내기를 터치합니다.

⭐ **전달하기** 화면에서 친구를 찾을 수 없다면 목록 ≡을 터치합니다. **공유 대상 선택** 화면이 나타나 더 많은 친구와 채팅 목록을 확인할 수 있습니다.

📞 카카오톡으로 전송받은 사진 공유하기 – 메시지로 공유

사진을 전송받는 사람이 카카오톡을 이용하지 않거나, 아직 카카오톡 친구가 아니라면 문자메시지를 통해 전송해야 합니다.

1 채팅창에서 공유할 사진을 터치합니다.

2 더보기 ●●●를 터치합니다.

3 외부로 공유를 터치합니다.

4 메시지를 터치합니다.

⭐ 메시지가 보이지 않는다면 화면을 위로 밀어 줍니다.

5 수신인 선택 화면에서 전송받을 사람의 스마트폰 번호를 직접 입력하거나 주소록에 저장된 이름을 입력합니다.

6 이름을 입력했을 경우, 그 사람의 연락처가 하단에 나타나면 터치합니다.

7 완료를 터치합니다.

8 전송  을 터치합니다. 특정 스마트폰은 전송으로 나타납니다.

☆ 🗑를 터치하면 사진을 삭제할 수 있습니다. 사진은 내 스마트폰에서만 지워지고 상대방의 스마트폰에서는 지워지지 않습니다.

💬 묶어보내기 활용하기

묶어보내기를 선택하면 선택된 사진이 **하나의 말풍선**으로 전송됩니다. 묶어보내기는 **30장까지** 가능하며, 사진 여러 장을 보낼 때 '카톡' '카톡'하고 여러 번 울리는 불편함이 없습니다. 받은 사람은 사진을 한꺼번에 저장할 수 있습니다.

1 채팅창에서 ⊞를 터치합니다.

2 사진을 터치합니다.

3 전체보기 ▦를 터치합니다.

4 전송할 사진을 하나하나 터치하여 선택합니다.

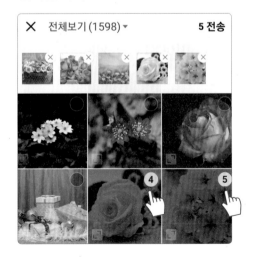

5 왼쪽 하단의 묶어보내기를 터치하고 전송을 터치합니다.

6 다음과 같이 사진이 전송됩니다.

7 받은 사람은 사진을 저장하기 위해 사진을 터치합니다.

8 묶어보내기를 한 사진은 하단에 ▣◌◌ 와 같이 현재 사진이 몇 번째 사진인지, 그리고 총 사진의 수가 표시됩니다. 저장하기 ⤓를 터치합니다.

9 사진을 모두 저장하기 위해 **묶음사 진 전체 저장**을 터치합니다.

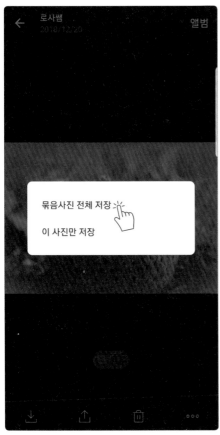

★ 전체 사진이 아닌 이 사진만 저장하려면 **이 사진만 저장**을 터치합니다.

10 저장이 완료되면 **저장되었습니다.** 가 나타납니다.

카카오톡으로 동영상 전송하기, 저장하기

카카오톡으로 동영상을 전송할 때는 300MB(메가바이트) 용량까지만 전송 가능합니다. 그보다 용량이 큰 영상은 파일 전송 앱(Send Anywhere)을 이용해야 합니다.

1 채팅창에서 ⊞를 터치합니다.

2 동영상을 터치합니다.

3 전송할 동영상을 터치하여 선택합니다.

4 동영상을 고화질로 전송하기 위해 ▲▨를 터치합니다.

5 고화질을 터치합니다.

6 전송을 터치합니다.

7 영상이 전송되었습니다.

8 영상을 확인하기 위해 전송받은 영상을 터치합니다.

★ ⊙는 영상이 나에게 전송되었으나, 아직 확인하지 않았음을 표시합니다. ▮24.26MB▮ 는 전송된 파일의 크기입니다.

★ 동영상은 일반적으로 용량이 커서 과도한 데이터 요금이 발생할 수 있으므로, 꼭 와이파이가 연결되었을 때 터치해야 합니다.

9 다음과 같은 화면이 나타나면서 영상을 다운로드합니다. ⊗는 영상에 문제가 있거나 취소되었다는 뜻이 아니고, 취소하려면 ⊗를 누르라는 것입니다.

10 영상이 모두 다운로드되면 영상을 재생할 앱을 선택하라고 묻습니다. 동영상 또는 비디오 플레이어를 터치합니다. 선택한 앱을 기본으로 사용을 터치하여 선택한 후 확인을 터치합니다. 다음부터 어떤 앱으로 재생할지 묻지 않으므로 편리합니다.

★ 특정 스마트폰은 선택한 앱을 기본으로 사용 메시지 대신, **항상/이번만**(또는 **한번만**)이라는 메시지가 표시됩니다. 항상을 터치하면 편리합니다.

11 영상 재생이 끝나면 저장하기 위해 를 터치합니다.

★ 영상 재생이 끝나기 전에 저장하고 싶다면 화면을 한 번 터치한 후에, 스마트폰의 이전 ← 또는 ▶를 터치합니다.

★ 저장이 완료되면 저장되었습니다. 메시지가 나타납니다. 저장된 영상은 갤러리의 Video 앨범에서 확인할 수 있습니다.

★ 를 터치하면 영상을 공유할 수 있습니다.

★ 를 터치하면 내 스마트폰에서 영상을 삭제합니다.

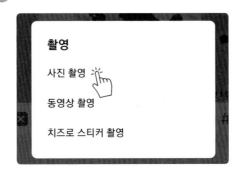

💬 촬영하여 전송하기

미리 촬영된 사진이 없을 때, 지금 촬영하여 바로 전송하고자 할 때는 카카오톡의 카메라를 활용합니다.

1 ⊞를 터치합니다.

2 카메라를 터치합니다.

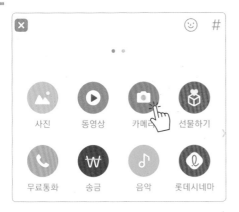

3 사진 촬영을 터치합니다.

4 이미지 캡처에 사용할 앱을 물으면 카메라를 터치하고 항상을 터치합니다.

★ 스마트폰에 따라 묻지 않을 수도 있습니다.

5 ◻를 터치하여 사진을 촬영합니다.

6 확인을 터치합니다.

★ 사진을 잘못 촬영하였다면 다시 시도를 터치한 후 다시 촬영합니다.

7 사진에 어울리는 필터를 선택한 후 전송을 터치합니다.

8 사진이 전송되었습니다.

💬 카카오톡으로 선물하기

축하할 일이 있거나 감사한 일이 있을 때 직접 만나지 않아도 카카오톡으로 선물할 수 있습니다.

1 선물할 사람과의 채팅창에서 ⊞를 터치합니다.

2 선물하기를 터치합니다.

3 일반적으로 많이 선물하는 브랜드에서 모바일교환권을 터치합니다.

4 상대방이 좋아하는 브랜드를 선택합니다.

5 선물할 상품을 터치합니다.

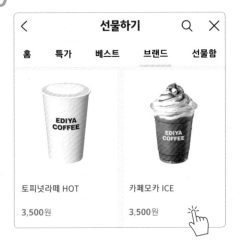

6 다음과 같이 말풍선이 표시되면
☒를 터치합니다.

7 **수량을 확인**하고 선물하기를 터치
합니다.

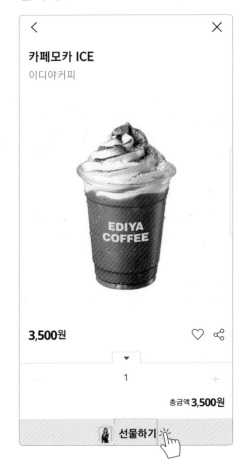

8 메시지카드의 원하는 색을 터치합니다.

9 메시지카드 쓰기를 터치합니다.

10 생일이 아니라면 글자를 터치한 후 ⌫를 이용하여 **생일축하해요** 글자를 지웁니다.

11 새 메시지를 입력한 후 화면 하단
의 ↓ 를 터치합니다.

12 저장을 터치합니다.

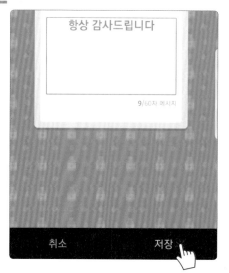

13 결제를 하기 위해 화면을 위로 밀
어 결제 수단을 선택합니다. 카드를
등록하여 사용하기 위해 카드 입력
을 터치합니다.

★ 결제 진행 중 일부 화면은 보안 정책상 책에
  싣지 못하였습니다. 카드번호나 개인정보를
  입력하라고 할 때 안내에 따라 정확히 입력
  합니다.

14 확인을 터치합니다.

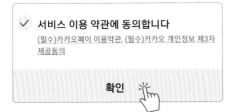

15 전체 동의하기를 터치하고 다음을 터치합니다.

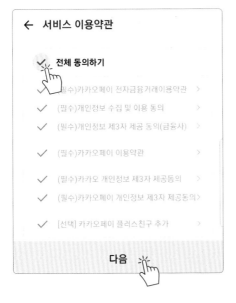

16 카드 등록 메시지가 나타나면 확인을 터치합니다.

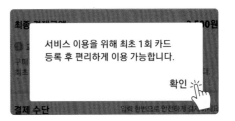

17 카메라 화면이 나타나면 카드를 바닥에 놓고 촬영하듯이 화면에 맞춰 줍니다. 카드번호와 유효기간 등을 자동으로 인식하여 입력합니다.

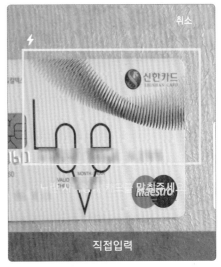

★ 노란 사각형에 카드를 맞춰주세요.

18 카카오페이 결제 및 개인정보 제3자 제공 동의 를 터치하고 **결제하기**를 터치합니다.

19 **전체동의**를 터치하고 **다음**을 터치합니다.

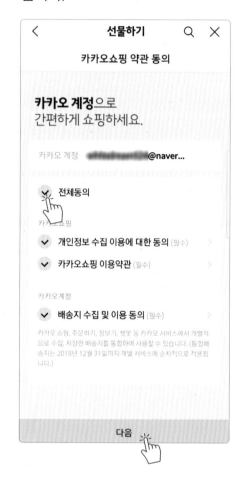

20 동의하고 시작하기를 터치합니다.

21 이름, 생년월일, 성별을 입력하고 개인정보 수집 및 활용 동의를 터치한 후 확인을 터치합니다.

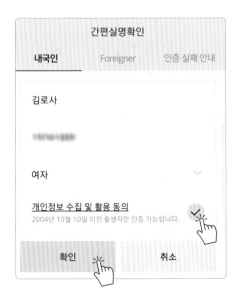

22 확인을 터치합니다.

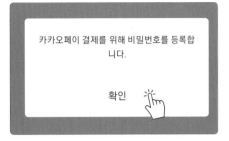

★ 비밀번호를 똑같이 두 번 입력합니다.

23 선물하기가 완료되면 ✕를 터치합니다.

24 ✕를 터치하여 선물하기 화면을 종료합니다.

 카카오톡으로 선물받기

1 받는 사람에게 선물이 도착합니다.
선물함으로 가기를 터치합니다.

2 **교환권 저장**을 터치합니다.

★ 저장된 교환권은 갤러리의 KakaoTalk 앨범에서 확인할 수 있습니다. 이디야커피에서 교환권을 제시하면 상품을 받을 수 있습니다.

3 답장을 하기 위해 **감동카드보내기**를 터치합니다.

4 마음에 드는 **감동카드**를 선택하고 **채팅방으로 보내기**를 터치하면 감동카드가 전송됩니다.

카카오톡으로 송금하기

카카오페이와 통장 계좌번호를 연결하면 카카오톡으로 쉽게 송금할 수 있습니다. 송금할 때 상대의 계좌번호를 물을 필요 없이, 카카오톡 아이디로 송금하므로 매우 편리합니다.

1 송금할 사람과의 채팅창에서 ⊞를 터치합니다.

2 송금을 터치합니다.

3 보내기를 터치합니다.

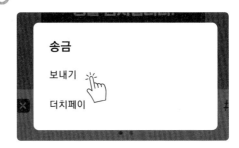

4 SKIP을 터치합니다.

5 금액을 입력하기 위해 금액(원)을 터치합니다.

6 말풍선이 표시되면 ✕를 터치합니다.

7 봉투에 담기를 터치하면 메시지를 함께 보낼 수 있습니다.

8 메시지 중에 하나를 선택합니다.

9 보내기를 터치합니다.

10 서비스이용약관 관련 전체동의를 터치하고 다음을 터치합니다.

11 **계좌연결** 화면에서 은행/증권사 선택을 터치합니다.

12 은행을 선택하고 계좌번호를 입력하고 인증 요청을 터치합니다.

13 인터넷 뱅킹이나 전화를 이용하여 계좌에 1원이 입금되었는지 확인하고, 입금자명을 입력한 후 스마트폰의 이전 단추 ↓ 를 터치합니다.

14 확인을 터치합니다.

15 ARS 인증전화 요청을 터치합니다.

16 카카오페이 고객센터에서 전화가 오면 인증번호를 입력하기 위해 키패드를 터치합니다.

17 화면에 표시되었던 인증번호를 입력하면 자동으로 전화가 끊기고 카카오페이 화면으로 되돌아갑니다.

18 확인을 터치합니다.

19 보내기를 터치합니다.

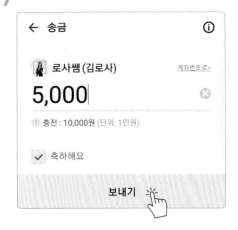

20 확인을 터치합니다.

★ 매달 지출해야 하는 돈은 예약송금을 통해
  자동으로 송금하도록 설정할 수 있습니다.

21 받는 사람은 확인하기를 터치합니다.

22 확인을 터치합니다.

23 내역보기를 터치하면 송금 내용을
    자세히 확인할 수 있습니다.

💬 송금 받은 돈을 내 통장으로 이체하기

카카오톡에서 송금 받았지만, 아직 돈이 내 통장으로 이체된 것은 아닙니다. 송금 받은 후에는 계좌이체를 통해 내 통장으로 옮겨야 합니다.

1 친구가 돈을 송금하여 나에게 메시지가 도착하면 **받기**를 터치합니다.

2 **내역보기**를 터치합니다.

3 내용을 확인하고 **홈으로**를 터치합니다.

4 송금을 터치합니다.

5 내 통장으로 돈을 이체하기 위해 계좌번호를 터치합니다.

6 은행선택을 터치합니다.

7 은행을 선택합니다.

8 계좌번호를 입력하고 확인을 터치합니다.

9 이체할 금액을 입력하고 보내기를 터치합니다.

10 계좌번호를 확인하고 확인을 터치합니다.

11 송금이 완료되었습니다. 인터넷 뱅킹 또는 통장의 거래내역을 통해 입금 내역을 확인할 수 있습니다.

💬 더치페이 송금 요청하기

모임에서 지출한 금액을 나눠서 지불해야 할 때, 일일이 계산하지 않고 카카오톡의 더치페이 기능을 활용하면 편리합니다. 총 금액을 인원수대로 나누어 계산해주고, 각 멤버들에게 해당 금액을 송금할 수 있도록 메시지를 보내줍니다. 메시지를 받은 사람은 보내기를 이용하여 쉽게 송금할 수 있습니다.

1 채팅방에서 ⊕를 터치합니다.

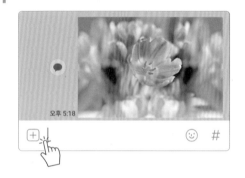

2 송금을 터치합니다.

3 더치페이를 터치합니다.

4 금액 입력 란을 터치하여 총 금액을 입력합니다. 개인별 금액이 자동으로 계산되면 완료를 터치합니다.

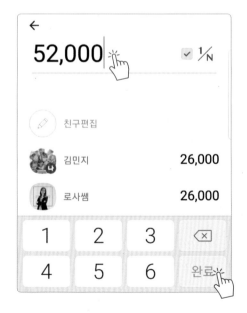

5 2명에게 요청하기를 터치합니다.

★ 친구를 추가하려면 친구편집을 터치합니다.

★ 친구를 터치하여 선택한 후 확인을 터치합니다.

★ 3명에게 요청하기를 터치합니다.

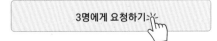

6 송금 메시지를 보낼 때 함께 보낼 이모티콘과 문장을 선택합니다. 화면을 왼쪽으로 드래그하면 다른 그림과 메시지를 확인할 수 있습니다. 첨부를 터치합니다.

★ 상단의 ● ● ● ● ●는 그림과 메시지가 총 5개 준비되어 있다는 뜻입니다. 마지막 동그라미가 파랗게 표시되어 있는 것은 현재 마지막 그림을 보여주고 있음을 알 수 있습니다.

7 3명에게 요청하기를 터치합니다.

9 채팅창으로 돌아가면 ⊠ 를 터치하여 종료합니다.

8 확인을 터치합니다.

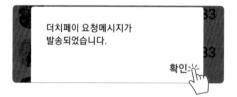

10 더치페이 메시지를 받은 사람은 보내기를 터치하여 쉽게 송금할 수 있습니다.

🗨 그룹콜 활용하기

3인 이상의 그룹 채팅방에서는 여러 회원들이 함께 통화하는 그룹콜이 가능합니다. 한 번에 5명까지 통화할 수 있습니다.

1 그룹 채팅창에서 ⊞를 터치하여 그룹콜을 터치합니다.

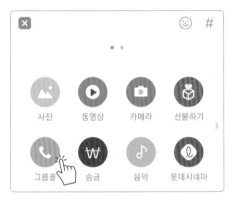

2 채팅방에 참여한 사람들의 전화기로 보이스톡이 연결됩니다.

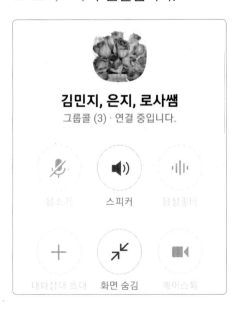

3 통화가 연결되면 다음과 같은 화면이 나타납니다. 스피커를 터치하면 통화 내용이 스피커를 통해 들리므로, 스마트폰을 놓고 통화할 수 있습니다. 📞를 터치하면 통화를 종료합니다.

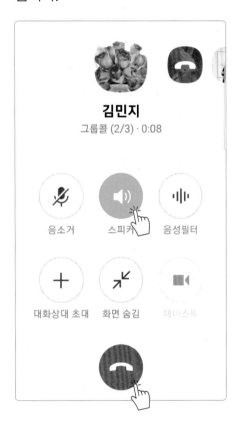

4 대화상대 초대를 터치하면 그룹콜 중에 다른 친구를 초대하여 함께 통화할 수 있습니다.

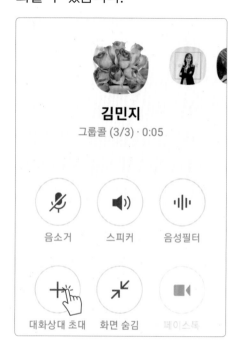

5 대화상대를 선택한 후 확인을 터치합니다.

6 그룹콜 연결 메시지가 나타나면 확인을 터치합니다.

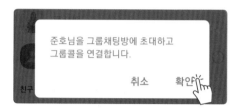

7 그룹콜 인원이 4명으로 늘어났습니다.

⭐ 😵 는 해당 사용자가 전화를 끊은 것입니다.

⭐ 그룹콜 (2/4) 는 총 4명이 초대되어 2명이 전화를 끊었고, 2명만이 통화에 참여 중이라는 표시입니다.

8 그룹콜 대화 중에 화면을 숨기고 다른 작업을 할 수도 있습니다. 화면 숨김을 터치합니다.

9 그룹콜 화면이 사라지고 원래의 채팅방이 보입니다. 홈 단추를 눌러 다른 작업을 할 수도 있습니다. 다시 그룹콜 화면으로 돌아가려면 현재 진행 중인 그룹콜 메시지를 터치합니다.

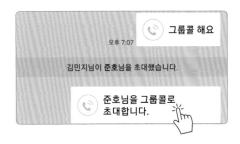

10 ☎를 터치하면 통화를 종료하고 몇 분 동안 통화했는지 보여줍니다.

💬 카카오톡으로 영화 예매하기

카카오톡 메뉴를 이용하면 극장 사이트에 가입하지 않아도 쉽게 영화 예매가 가능합니다.

1 채팅창에서 ⊞를 터치하고 롯데시네마를 터치합니다.

2 일반적으로 가기 편한 극장을 선택하는 것이 우선이므로 하단의 극장 먼저 선택을 터치합니다.

3 왼쪽 큰 분류에서 지역을 선택하고 오른쪽 세부 분류에서 지역을 선택합니다. 그리고 영화 선택하기를 터치합니다.

4 화면을 위로 드래그하여 보고싶은 영화를 찾은 후 예매할 날짜 시간 선택하기를 터치합니다.

5 원하는 날짜를 선택하고 시간을 터치합니다.

6 인원/좌석 선택하기를 터치합니다.

7 성인/청소년의 인원을 선택하고 화면에서 좌석표가 있는 부분을 터치합니다.

8 원하는 위치의 좌석을 인원수만큼 선택하고 화면 하단의 결제하기를 터치합니다.

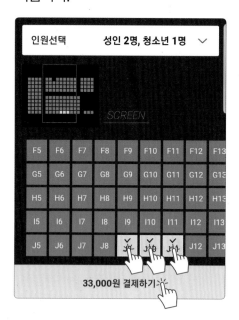

9 예매된 내용을 확인한 후 결제하기 위해 화면을 위로 밀어줍니다.

10 전체 동의하기를 터치한 후 결제하기를 터치합니다.

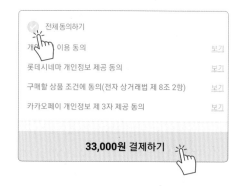

11 카드가 등록되어 있으므로 비밀번호를 입력하면 결제완료 됩니다.

12 예매한 내용을 확인할 수 있습니다. 영화를 같이 볼 친구에게 티켓을 보내기 위해 **티켓 보내기**를 터치합니다.

13 **한장 보내기**를 터치합니다.

14 티켓 받을 사람을 터치하여 **보내기**를 터치합니다.

15 **채팅방 이동**을 터치하면 친구와의 채팅방으로 이동합니다.

16 친구와의 채팅방에서 전송된 티켓을 확인할 수 있습니다.

17 채팅 목록에 롯데시네마 채팅방이 생성되었습니다. 롯데시네마를 터치하면 예매 내역을 확인할 수 있습니다.

18 티켓을 확인하려면 티켓보기를 터치합니다.

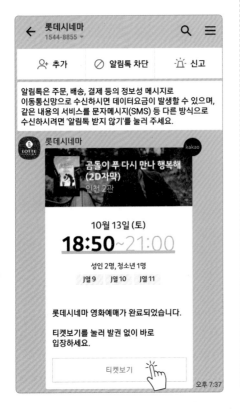

19 티켓보기를 터치하면 자세한 내용을 확인할 수 있습니다. 극장에 입장할 때 이 티켓을 보여줍니다.

카카오톡으로 예매한 영화 취소하기

카카오톡으로 예매한 영화는 영화가 시작되기 20분 전까지 예매취소가 가능합니다.

1 롯데시네마 채팅창에서 **티켓보기**를 터치합니다.

2 **예매취소**를 터치합니다.

3 확인을 터치합니다.

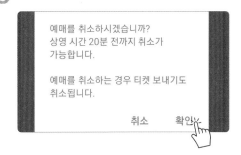

4 확인을 터치합니다.

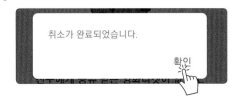

5 롯데시네마 채팅창에 **예매취소 완료** 메시지가 나타납니다.

🗨 대화내용 캡처하여 저장하기

대화 내용을 다른 사람에게 그대로 전달해 주어야 할 때, 또는 기억하고 싶은 내용일 때는 캡처를 이용하면 쉽게 저장할 수 있습니다.

1 채팅창에서 ⊕를 터치합니다.

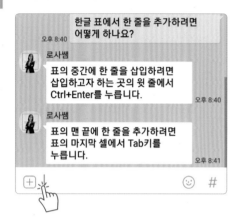

2 캡처 메뉴가 보이도록 화면을 왼쪽으로 밀어 캡처를 터치합니다.

3 캡처를 시작할 말풍선을 터치합니다.

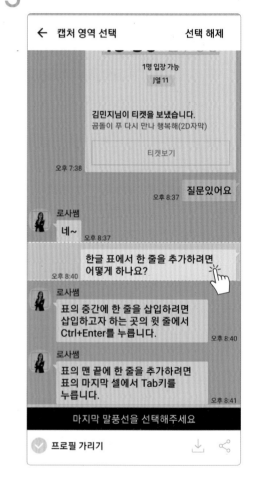

4 캡처할 마지막 말풍선을 터치합니다. 캡처한 내용을 저장하기 위해 ↓를 터치합니다. 갤러리의 KakaoTalk 앨범에 저장됩니다.

5 캡처한 내용을 확인하기 위해 홈 단추를 터치한 후 갤러리를 터치합니다. 갤러리에서 KakaoTalk 앨범을 터치합니다.

6 카카오톡 앨범에 저장된 캡처 화면을 확인할 수 있습니다.

🗨 대화내용 캡처하여 전달하기

1 캡처할 영역을 선택한 후, 오른쪽 하단에서 공유 ⤴를 터치합니다.

2 캡처 내용을 전달받을 채팅방 또는 친구를 터치합니다.

3 확인을 터치합니다.

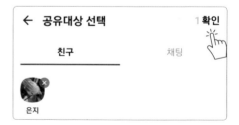

4 다음과 같이 캡처한 내용이 전달되었습니다.

⭐ 캡처할 내용이 많을 때는 여러 장의 이미지로 분리하여 저장됩니다.

⭐ ✅ 프로필 가리기 를 터치하면 다음과 같이 엉뚱한 이름으로 바뀌고, 프로필 사진은 모자이크 처리되어 표시됩니다.

음성메시지 전송하기

일반적으로 카카오톡은 문자메시지로 대화하지만, 채팅창에서 음성을 녹음하여 음성메시지로 전송할 수도 있습니다.

1 채팅창에서 ⊕를 터치하여 음성메시지 메뉴가 보이도록 화면을 왼쪽으로 밀어줍니다. 음성메시지를 터치합니다.

2 ●를 터치하면 녹음이 시작됩니다.

3 녹음을 종료하려면 ■를 터치합니다.

4 보내기를 터치합니다.

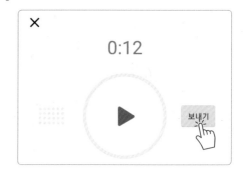

5 음성메시지가 전달됩니다. ▶를 터치하면 소리를 들을 수 있습니다.

💬 카카오톡 프로필 전송하기

내 친구의 프로필을 전송하면, 상대방이 쉽게 친구 추가를 할 수 있습니다.

1 채팅창에서 ⊕를 터치하여 화면을 왼쪽으로 밀어준 후 연락처를 터치합니다.

2 카카오톡 프로필 보내기를 터치합니다.

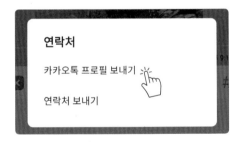

3 보낼 프로필을 선택한 후 확인을 터치합니다.

4 카카오톡 프로필이 전송됩니다. 상대방과 프로필의 사람이 아직 친구가 아닐 때에는 다음과 같이 친구 추가 단추가 나타납니다. 친구 추가를 터치하면 쉽게 친구로 추가할 수 있습니다.

☆ 상대방과 프로필의 사람이 이미 친구일 때는 친구 추가 대신, 1:1채팅이 표시됩니다.

💬 연락처(전화번호) 전송하기

카카오톡 프로필뿐만 아니라 스마트폰에 저장된 연락처도 전송할 수 있습니다. 연락처를 받는 사람은 스마트폰에 연락처를 저장할 수 있어 매우 편리합니다.

1 채팅창에서 ⊞를 터치하여 화면을 왼쪽으로 밀어준 후 **연락처**를 터치합니다.

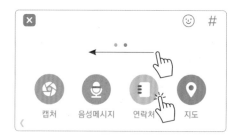

2 **연락처 보내기**를 터치합니다.

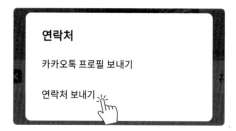

3 **사용할 앱 선택** 화면이 표시되면 주소록을 터치하고 확인을 터치합니다.

★ 연락처를 저장할 앱이 여러 가지 설치되어 있다면 위와 같은 화면이 표시되고, 그렇지 않다면 표시되지 않습니다.

4 연락처에서 **프로필을 보낼 친구**를 터치합니다.

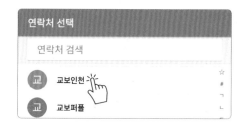

5 **전송**을 터치합니다.

6 다음과 같이 연락처가 전송됩니다.

🗨 카카오톡으로 받은 연락처(전화번호) 저장하기

1 받은 사람은 연락처를 터치합니다.

2 **사용할 애플리케이션**에서 새 연락 처로 추가를 터치하고 다음에 연락 처를 저장할 때 다시 묻지 않도록 항상을 터치합니다.

3 연락처를 저장할 위치를 터치하고 대표 연락처로 설정을 터치합니다. 다음부터 묻지 않고 항상 **구글 계정** 에 저장합니다.

★ Google을 터치하면 스마트폰에도 저장되고, 구글 계정에도 저장되어 컴퓨터에서도 연락 처를 확인할 수 있습니다.

4 저장을 터치합니다.

🗨 카카오톡으로 지도 전송하기

카카오톡으로 자신의 현재 위치, 또는 특정 장소에 대한 지도를 전송할 수 있습니다.

1 채팅창에서 ⊞를 터치하여 화면을 왼쪽으로 밀어준 후 지도를 터치합니다.

2 위치정보 이용 동의를 모두 터치하고 동의를 터치합니다.

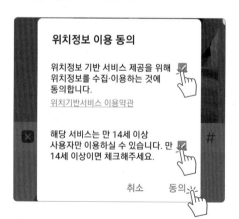

3 **허용하시겠습니까?**라고 물으면 허용을 터치합니다.

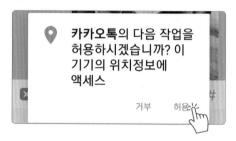

4 다음과 같이 **현재 위치**를 인식하여 지도를 보여줍니다.

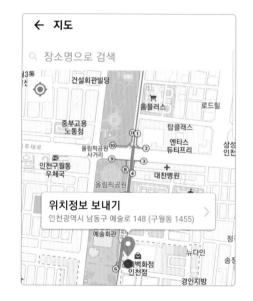

⭐ 현재 위치가 다르게 표시된다면 ◉를 터치합니다.

⭐ 장소명으로 검색을 터치하여 특정 장소를 검색할 수도 있습니다.

5 장소 이름을 입력한 후 🔍를 터치합니다. 교보문고를 검색하려면, **교보**를 입력한 후 교보문고를 터치합니다.

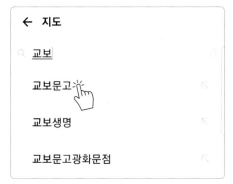

⭐ 검색할 단어가 자동완성되어 나타난다면 바로 터치하는 것이 빠릅니다.

6 화면 하단의 검색 목록에서 원하는 장소를 터치한 후 위치정보 보내기를 터치합니다.

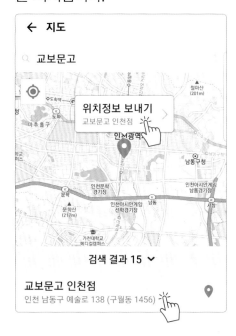

⭐ 받은 지도에서 카카오맵을 터치하면 카카오맵이 실행되면서 자세한 지도를 보여줍니다.

⭐ 받은 지도에서 🚕를 터치하면 카카오T가 실행되면서, 상대방의 위치부터 검색된 장소까지 이동하도록 택시를 호출할 수 있습니다.

💬 카카오톡으로 파일(음악) 전송하기

카카오톡으로 스마트폰에 저장된 파일을 전송할 수도 있습니다. 문서 파일뿐 아니라, 음악 파일 전송도 가능합니다.

1 채팅창에서 ⊞를 터치하여 **화면을 왼쪽으로 밀어준 후 파일**을 터치합니다.

2 최근에 저장한 파일들이 나타납니다. **음악**을 보내기 위해 **삼선 메뉴** ☰를 터치합니다.

⭐ 보내고자 하는 파일이 이 목록에 있다면 바로 터치합니다.

3 보내고자 하는 **파일**의 항목에서 음악을 보내기 위해 **오디오**를 터치합니다.

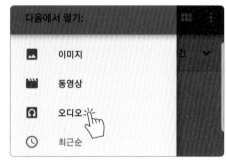

⭐ 사진을 보내기 위해서는 **이미지** 또는 **갤러리**, 인터넷에서 다운로드 받은 파일을 보내기 위해서는 **다운로드**를 터치합니다.

4 음악은 가수 또는 앨범 별로 저장되는데, 원하는 **앨범**을 터치합니다.

5 **전송할 음악**을 터치합니다.

📢 카카오톡으로 받은 음악 저장하고 듣기 – 삼성 스마트폰

1 음악을 전송받으면 다음과 같이 표시됩니다. 음악 제목을 터치합니다.

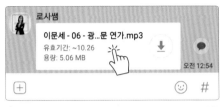

⭐ ↓ 는 전송되었지만, 아직 스마트폰으로 다운로드하지 않았음을 의미합니다.

2 음악이 스마트폰에 저장되면 다음과 같이 표시됩니다. 음악을 듣기 위해 음악 제목을 터치합니다.

3 카톡 화면에서 바로 재생됩니다.

⭐ 저장된 음악은 카카오톡이 아닌 음악 앱을 통해 들을 수도 있습니다.

4 Play 뮤직 또는 삼성 뮤직 앱을 터치합니다.

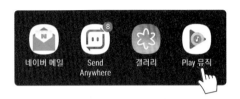

5 최근에 저장된 음악이 표시됩니다. 전체 음악 목록을 확인하고 싶다면 삼선 메뉴 ☰를 터치합니다.

6 음악 라이브러리를 터치합니다.

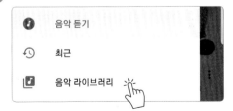

7 스마트폰에 저장된 모든 음악을 확인하기 위해 노래 또는 곡을 터치합니다. 화면을 위로 올리며 듣고 싶은 노래를 찾습니다. 듣고 싶은 노래를 터치하면 재생됩니다.

8 스마트폰의 홈 단추를 누르면 다른 앱을 실행할 수 있지만, 음악은 계속해서 재생됩니다. 이때 음악을 종료하려면 알림센터를 아래로 내려줍니다.

9 여러 알림과 함께 재생 중인 **음악**이 표시됩니다. 음악을 중지하기 위해 ∥를 터치합니다.

10 ▶ 표시는 음악의 재생이 멈추었음을 의미하고, ▶를 터치하면 다시 재생됩니다.

💬 카카오톡으로 받은 음악 저장하고 듣기 - LG 스마트폰

1 음악을 저장하기 위해 음악 제목을 터치합니다.

2 음악이 저장되면 음악을 듣기 위해 음악 제목을 터치합니다.

3 **연결 프로그램**으로 음악 앱을 터치합니다. 선택한 앱을 기본으로 사용을 터치한 후 확인을 터치합니다.

4 다음과 같이 음악이 재생됩니다.

⭐ 저장된 음악은 카카오톡이 아닌 음악 앱을 통해 들을 수도 있습니다.

5 홈 단추를 누른 후 Play 뮤직 또는 음악 앱을 터치합니다.

⭐ ⊞를 눌렀을 때 나타나는 음악 아이콘은 **멜론** 이라는 음악 서비스를 통해 듣게 되므로, 멜론에 회원가입하고 로그인해야 정상적으로 이용 가능합니다.

6 저장된 음악을 찾기 위해 삼선 메뉴를 터치합니다.

7 음악 라이브러리를 터치합니다.

8 노래를 터치하여 듣고 싶은 음악을 터치하면 재생됩니다.

9 스마트폰의 홈 단추를 누르면 다른 앱을 실행할 수 있지만, 음악은 계속해서 재생됩니다. 이때 음악을 종료하려면 알림센터를 아래로 내려줍니다.

10 여러 알림과 함께 재생 중인 **음악**이 표시됩니다. 음악을 중지하기 위해 ❚❚를 터치합니다.

★ ▶는 음악의 재생이 멈추었음을 의미하고, ▶를 터치하면 다시 재생됩니다. ✕를 터치하면 음악이 종료됩니다.

11 음악이 종료되면 화면에서 음악 도구가 사라집니다.

📢 이모티콘 활용하기, 구입하기

그림으로 표현된 이모티콘을 이용하면 말하고자 하는 내용을 재미있게 전달할 수 있습니다.

1 채팅창에서 ☺를 터치합니다.

2 이모티콘을 처음 활용할 때는 다운로드 받아야 합니다. 다운로드를 터치합니다.

3 마음에 드는 이모티콘을 터치한 후 ▶를 터치하면 전송됩니다.

4 새로운 이모티콘을 구입하고 싶다면 이모티콘 스토어 ⊞를 터치합니다.

5 다양한 이모티콘 중에서 마음에 드는 이모티콘을 터치합니다.

6 화면 하단의 구매하기를 터치합니다.

7 처음 구매할 때는 약관에 동의하고 결제 수단을 등록해야 합니다. 동의합니다.를 터치하고 확인을 터치합니다.

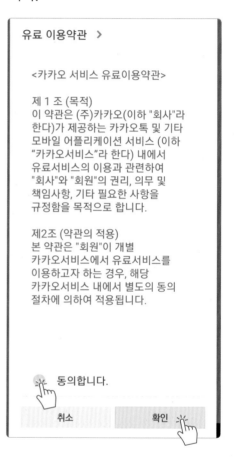

8 **원클릭 구매**를 터치합니다.

⭐ 카드가 등록되어 있지 않다면 다음과 같은 과정으로 카드를 추가합니다.

① **계속**을 터치합니다.

② **결제 수단**을 선택합니다. 신용카드 또는 체크카드 추가를 이용하면 편리합니다.

9 **비밀번호** 란을 터치하고 비밀번호를 입력합니다.

10 다음부터 비밀번호를 묻지 않도록 **이 기기에 내 계정 정보 저장**을 클릭한 후, **확인**을 터치합니다.

⭐ 결제 진행 중 일부 화면은 보안 정책상 책에 싣지 못하였습니다. 카드 번호나 개인정보 입력 안내에 따라 정확히 입력합니다.

11 구매가 완료되면 다운로드 완료 메시지가 나타납니다. 이모티콘 샵을 종료하기 위해 ✕를 터치합니다.

12 종료하시겠습니까?라고 물으면 확인을 터치합니다.

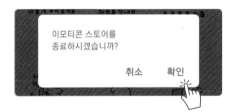

13 새로 구입한 이모티콘은 화면 하단 왼쪽에서 확인할 수 있습니다.

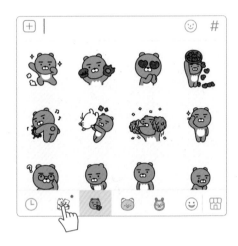

14 전송할 이모티콘을 터치한 후 ▶를 터치합니다.

친구 이모티콘 구입하기

친구가 예쁜 이모티콘을 구입해서 사용한다면 이모티콘 보러가기 메뉴를 이용하여 구입할 수 있습니다.

1 친구가 보낸 이모티콘이 마음에 든다면 **이모티콘을 오래** 터치합니다.

2 **이모티콘 보러가기**를 터치합니다.

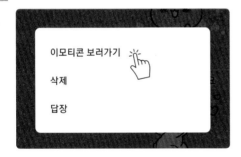

3 **구매하기**를 터치합니다.

4 **원클릭 구매**를 터치합니다.

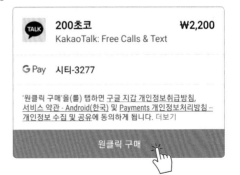

TALK #을 이용하여 검색하기

대화 중에 검색이 필요하거나, 상대방에게 정확히 알려주어야 할 내용이 있을 때는 #을 터치한 후 검색하고 그 결과를 전송할 수 있습니다.

1 #를 터치합니다.

2 검색할 내용을 입력한 후 🔍를 터치합니다.

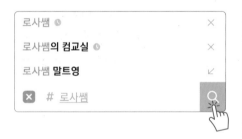

3 글에 표시된 💬를 터치하면 인터넷 사이트의 링크가 채팅창에 전달됩니다.

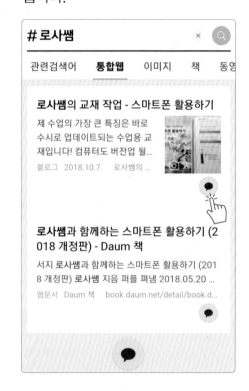

★ 화면을 위로 스크롤하며 검색 결과 중 원하는 내용에 맞는 글을 찾습니다.

★ 화면 하단의 큰 말풍선 💬을 터치하면 검색된 전체 내용이 전송됩니다. 검색 결과를 받는 사람은 어떤 걸 터치해야 할지 모를 수 있으므로, 정확한 링크의 작은 말풍선을 터치하여 전송하는 것이 좋습니다.

4 검색 결과와 링크가 전송됩니다. 링크를 터치하면 자세한 내용을 확인할 수 있습니다.

5 다음과 같이 내용을 확인하고 왼쪽 상단 종료 ✕ 를 터치하면 인터넷 창이 사라지고 채팅창으로 돌아갑니다.

★ 이 내용을 다른 친구에게 전달할 수도 있습니다.

① 화면 오른쪽 상단의 말풍선 ● 을 터치합니다.

② 친구 이름을 터치하여 보내기를 터치합니다.

③ 화면 상단에 메시지 전달 표시가 나타납니다. 채팅방 이동을 터치하면 그 친구와의 채팅방으로 이동하여 확인할 수 있습니다.

💬 카카오톡으로 받은 메시지 전달하기

채팅창의 글을 다른 사람 또는 다른 채팅창으로 전송할 수 있습니다.

1 채팅방에서 전달할 **메시지를 오래 터치**합니다.

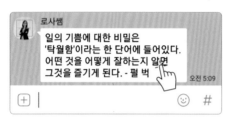

★ 컴퓨터에서 **마우스 오른쪽 버튼**을 누르면 메뉴가 나타나는 것처럼, 스마트폰에서는 화면을 **오래 터치**하면 메뉴가 나타납니다.

2 전달을 터치합니다.

★ **전달** : 카카오톡을 사용하는 사람에게 전송합니다.
★ **공유** : 카카오톡이 아닌 다른 앱으로 전송합니다.

3 최근에 채팅을 주고 받은 채팅방 또는 친구 목록이 보입니다. 전달하고자 하는 **친구를 터치**하고 **보내기**를 터치합니다.

★ 채팅방 목록에 없는 다른 친구나 채팅방으로 전달하려면, 목록 ☰ 을 터치합니다.
★ **채팅**을 터치하면 채팅 목록으로 바뀝니다.

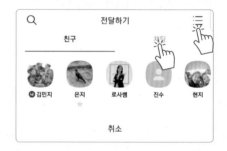

★ 공유 대상 선택하기

① 메시지를 전달받을 친구를 터치하고 확인을 터치합니다.

② 친구를 두 명 이상 선택했을 때는 1:1 채팅방(10명 이하)을 터치합니다. 그룹 채팅방을 터치하면, 선택한 친구들이 모두 같은 채팅방에 초대되어 함께 이야기를 나누게 됩니다. 나오는 친구이지만, 선택된 사람들이 서로 모르는 사람이라면 받는 사람이 불편하지 않도록 1:1 채팅방(10명 이하)을 선택합니다.

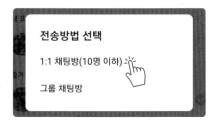

③ 다음과 같이 두 사람에게 메시지가 전달되었습니다. 채팅방은 한 개만 선택할 수 있고, 친구는 여러 명을 선택할 수 있습니다.

4 확인을 터치합니다.

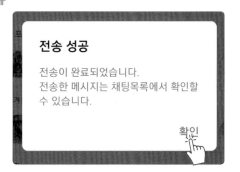

카카오톡으로 그룹 채팅하기

여러 사람이 대화하는 그룹채팅방을 만들 때, 채팅방 이름과 프로필 사진을 설정해주면 초대된 사람들이 어떤 채팅방인지 쉽게 알 수 있어 매우 편리합니다.

1 채팅 💬을 터치하고 ⨁을 터치합니다.

★ 빨간 동그라미 안의 숫자는 새로운 소식의 개수이므로, 개인마다 다릅니다.

2 일반채팅을 터치합니다.

3 함께 이야기할 사람을 2명 이상 선택하고 확인을 터치합니다.

4 그룹채팅방 정보 설정하기를 터치합니다.

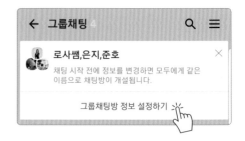

★ 멤버를 초대한 후, 채팅을 시작하기 전에 그룹채팅방 정보 설정하기를 통해 프로필 사진과 채팅방 이름을 변경하면, 초대된 모든 사람의 카카오톡에서 같은 이름과 프로필 사진으로 보이게 됩니다.

5 채팅방 이름을 터치합니다.

6 현재 채팅방 이름을 삭제하기 위해 ⊗를 터치합니다.

7 이름이 회색으로 바뀌면 채팅방 이름을 입력하고 확인을 터치합니다.

8 프로필 사진을 변경하기 위해 사진을 터치합니다.

9 카카오프렌즈로 설정을 터치합니다.

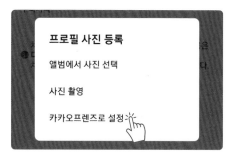

10 그룹채팅방에 어울리는 그림을 선택하고 색을 변경하기 위해 ◑를 터치합니다.

11 그림에 어울리는 색을 선택합니다.

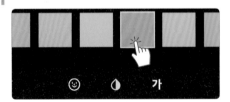

12 글꼴을 변경하기 위해 가를 터치하고 마음에 드는 글꼴을 터치합니다. 다양한 글꼴이 있지만 카카오체 글꼴이 두껍고 보기 좋습니다.

13 카카오체를 두 번 터치하면 다음과 같이 이름입력 이 카카오체로 변경됩니다. 이름입력 란을 터치한 후 채팅방 이름을 입력합니다. 5글자까지 입력 가능합니다.

14 **우리가족** 입력 후 스마트폰의 이전 단추 ↓를 터치하면 키보드가 사라집니다.

★ 😊를 터치하면 프로필 사진을 스마트폰 갤러리에 저장할 수 있습니다. 갤러리에서 KakaoTalk 앨범을 터치합니다.

15 모든 내용을 설정한 후 확인을 터치합니다.

16 채팅방으로 돌아가기 위해 뒤로 ←를 터치합니다.

★ 가볍게 한 번만 터치해야 합니다. 실수로 두 번 터치하면 채팅방이 사라집니다.

17 글을 입력하기 위해 화면 하단의 글 입력 창을 터치합니다.

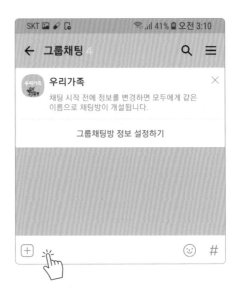

18 글을 입력한 후 ▶를 터치합니다.

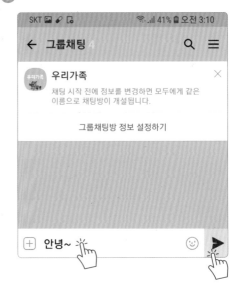

19 글이 전송되면 초대된 친구들의 스마트폰에 그룹채팅방이 보이게 됩니다.

★ 프로필 사진 변경 시 앨범에서 사진 선택을 터치하면 스마트폰에 저장된 사진을 등록할 수도 있습니다. 초대된 사람들과의 단체사진 등을 선택한다면 더 좋습니다.

① 프로필 사진 등록 화면에서 앨범에서 사진 선택을 터치합니다.

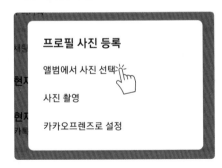

② 프로필로 사용할 사진을 터치합니다.

③ 화면 하단에서 사진에 어울리는 필터를 선택한 후 확인을 터치합니다.

④ 다음과 같이 프로필 사진이 적용되었습니다. 앨범에서 사진을 가져오면 예쁘기는 하지만, 사진에 채팅방 이름을 입력할 수 없습니다.

CHAPTER

02

채팅방 정보 설정하기

TALK ## 채팅방 알림 끄기, 켜기

여러 사람이 함께 대화하는 채팅방의 경우 잦은 알림으로 불편한 경우가 많습니다. 이때 채팅방의 알림을 끄면 메시지 도착은 알려주지만, 카톡 소리가 나지 않습니다.

1 알림을 해제할 **채팅방을 오래 터치** 합니다.

2 **채팅방 알림 끄기**를 터치합니다.

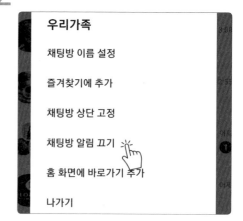

3 채팅방 이름 옆에 🔕 가 나타나며 알림이 해제됩니다. 이제 새로운 메시지가 도착해도 소리는 나지 않지만, ❶ 과 같이 빨간 동그라미의 숫자를 표시하여 새 메시지가 도착했음을 알려줍니다.

5 채팅방의 알림이 설정되어 🔕 가 사라졌습니다. 이제 새 메시지가 도착하면 '카톡'하고 알려줍니다.

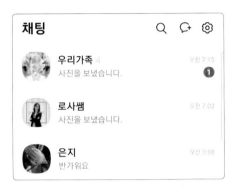

4 다시 알림이 울리도록 하고 싶다면 채팅방을 오래 터치하고 채팅방 알림 켜기를 터치합니다.

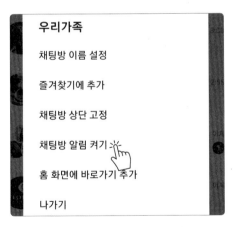

📞 채팅방을 즐겨찾기에 추가하기, 해제하기

채팅방을 즐겨찾기에 추가하면 친구 목록 상단에 배치되어 쉽게 찾을 수 있습니다.

1 즐겨찾기에 추가할 채팅방을 오래 터치하여 즐겨찾기에 추가를 터치합니다.

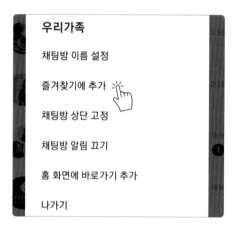

2 즐겨찾기 목록을 확인하기 위해 친구 목록 ☌을 터치합니다.

3 즐겨찾기 목록에서 **우리가족** 채팅방을 찾을 수 있습니다.

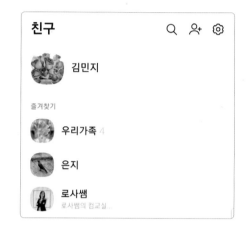

4 즐겨찾기를 해제하려면 채팅방을 오래 터치하여 즐겨찾기 해제를 터치합니다.

홈 화면에 바로가기 추가하기

자주 대화하는 채팅방이라면 홈 화면에 바로가기를 추가합니다. 카톡을 실행한 후 채팅 방을 찾을 필요없이 터치 한 번으로 바로 채팅방이 열립니다.

1 홈 화면에 추가할 채팅방을 오래 터 치하여 홈 화면에 바로가기 추가를 터치합니다.

2 추가를 터치합니다.

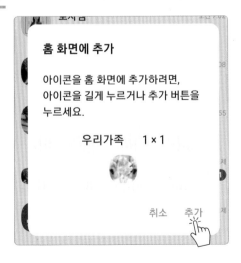

3 스마트폰의 홈 단추 ▢를 터치하면 다음과 같이 채팅방 아이콘을 찾을 수 있습니다. 찾을 수 없다면 화면 을 옆으로 밀어줍니다. 추가된 채 팅방 바로가기를 터치하면 바로 채 팅방이 열립니다.

✻ 홈 화면에 바로가기 아이콘으로 추가되었기 때문에, 앱스 아이콘 ▦을 터치하면 찾을 수 없습니다.

💬 채팅방 나가기

채팅방을 종료하고 싶다면 메뉴에서 나가기를 터치합니다. 나가기를 실행하면 그 동안의 모든 대화가 사라지고, 다시는 대화방에 참여할 수 없습니다. 다시 참여하고 싶다면 대화방의 누군가에게 초대해 달라고 요청해야 합니다.

1 홈 화면에 추가할 채팅방을 **오래 터치**하여 **나가기**를 터치합니다.

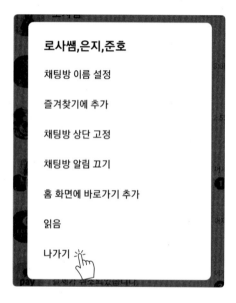

2 채팅방에서 **나가시겠습니까?**라고 물으면 **확인**을 터치합니다.

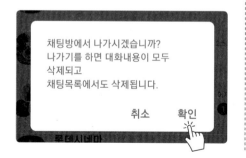

★ 다른 친구들의 채팅방에는 '로사쌤님이 나갔습니다'라는 메시지가 표시됩니다. 다시 채팅방에 참여하려면, 채팅방의 다른 친구가 채팅방으로 초대하기를 터치하여 초대해야 합니다.

① 그룹채팅방에서 누군가 나가기 했을 때 다시 초대하려면 채팅방으로 초대하기를 터치합니다.

② **채팅방으로 초대하시겠습니까?**라고 물으면 **확인**을 터치합니다.

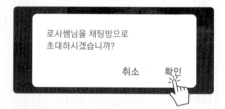

③ 채팅방에 다시 초대되었습니다.

🗨 채팅방 알림음 변경하기

모든 채팅방의 알림음은 '카톡'입니다. 중요한 채팅방의 알림음을 다른 소리로 변경하면 소리만 듣고도 어느 채팅방의 메시지인지 알 수 있어 매우 유용합니다.

1 알림음을 변경할 채팅방을 터치하여 오른쪽 상단의 삼선 메뉴 ☰를 터치합니다.

2 오른쪽 하단의 설정 ⚙을 터치합니다.

3 현재 채팅방 알림음을 터치합니다.

4 원하는 알림음을 터치하여 선택하고 확인을 터치하면 채팅방 알림음이 변경됩니다.

채팅방 미디어 파일 삭제하기

카카오톡에서 사진과 동영상(미디어 파일)을 주고받을 때, 모든 파일이 임시 파일로 저장되어 상당한 용량을 차지합니다. 스마트폰의 용량이 부족해질 수 있으므로 가끔씩 미디어 파일을 삭제해야 합니다. 다만 미디어 파일을 삭제하면 한 달이 지난 사진과 동영상은 보이지 않게 되므로, 전송받은 사진은 항상 갤러리에 저장하는 것이 좋습니다.

1 사진/영상을 많이 주고받았던 채팅 창에서 **삼선 메뉴** ≡를 터치합니다.

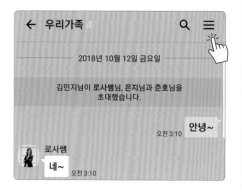

2 **설정** ⚙을 터치합니다.

3 화면을 **위로 밀어주어** 아래 메뉴가 보이도록 합니다.

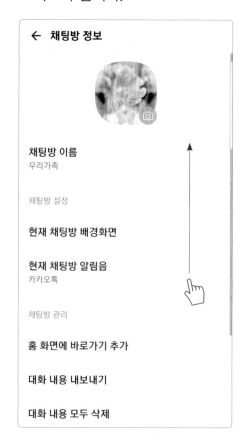

4 하단의 사진/동영상 파일 용량을 확
인한 후, 전체 파일 모두 삭제를 터
치합니다.

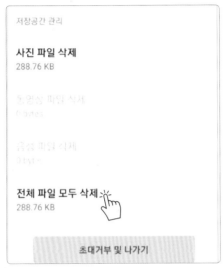

* 288.76 KB 는 해당 채팅방에서 주고받은 파
일의 용량이 288.76킬로바이트임을 의미합
니다.

5 파일을 모두 삭제하시겠습니까?라
고 물으면 모두 삭제를 터치합니다.

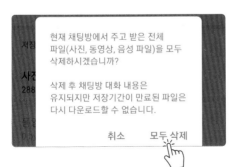

6 미디어 파일이 삭제되어 0byte(0바
이트)가 되었습니다.

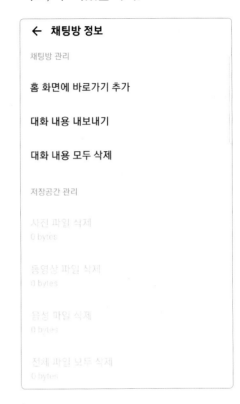

카 카 오 톡
카
카
오
톡

CHAPTER 02 채팅방 정보 설정하기 129

💬 초대 거부 및 나가기

채팅방에 모르는 사람이 많거나, 불편한 대화가 오고갈 경우 다시는 초대되지 않도록 나가기합니다. 다만 초대 거부 및 나가기는 **3인 이상의 그룹 채팅방에서만 가능**합니다. 특정 친구가 불편한 메시지나 광고성 메시지를 계속해서 보낼 때는 초대 거부가 아닌 친구 차단을 해야 합니다.

1 나가고자 하는 채팅창에서 삼선 메뉴 ☰를 터치합니다.

2 설정 ⚙을 터치합니다.

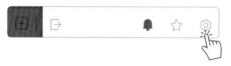

3 화면을 위로 밀어 하단의 메뉴가 보이게 한 후, 초대거부 및 나가기를 터치합니다.

4 **초대를 거부하고 채팅방에서 나가시겠습니까?**라고 물으면 확인을 터치합니다.

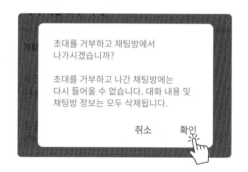

⭐ 누군가 채팅방에서 나가기를 하면 채팅방으로 초대하기를 터치하여 다시 초대할 수 있습니다. 그런데 초대거부 및 나가기를 터치하여 나가기 했을 때는 다음과 같은 메시지가 나타나며, 초대할 수 없게 됩니다.

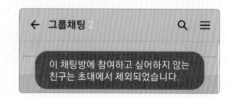

📢 채팅창에 다른 친구 초대하기

1 초대할 채팅창에서 삼선 메뉴 ☰를 터치합니다.

2 대화상대 초대를 터치합니다.

3 이름(초성), 전화번호 검색 란을 터치하여 초대할 사람을 입력합니다.

4 검색된 친구를 터치하고 확인을 터치합니다.

5 다음과 같이 친구가 채팅방에 초대됩니다.

🗨 그룹 채팅에서 친구 추가하기

그룹 채팅을 하다보면 나와 친구가 아닌 사람과 채팅을 할 수 있습니다. 이때 그룹 채팅 방에서 쉽게 친구로 등록하는 방법을 살펴보겠습니다.

1 채팅창에서 삼선 메뉴 ☰ 를 터치합니다.

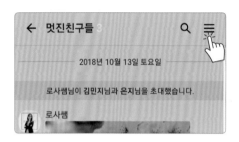

2 나와 친구가 아닌 사람은 프로필에 물음표(?)가 보이고, 이름 옆에는 친구 추가 👤+ 가 있습니다. 👤+ 를 터치합니다.

3 친구로 추가되면 👤+ 가 사라집니다.

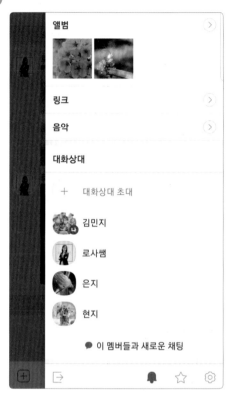

 알약M을 이용하여 모든 미디어 파일 제거하기

채팅방 설정에서 미디어 파일을 삭제할 수도 있지만, 모든 채팅방에서 일일이 삭제하기는 너무 번거롭습니다. 그래서 알약M을 이용하면 카카오톡의 미디어 파일을 한꺼번에 삭제할 수 있습니다.

1 Play 스토어를 실행합니다.

2 Google Play를 터치합니다.

3 **알약**을 입력한 후 알약M을 터치합니다.

4 설치를 터치합니다.

5 설치가 완료되면 열기를 터치합니다.

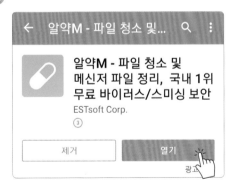

6 사용자 이용 약관 동의를 터치하고 다음을 터치합니다.

7 권한 허용을 터치합니다.

8 허용을 터치합니다. 1/2 은 허용할 내용이 2개 있다는 뜻입니다. 허용을 두 번 터치합니다.

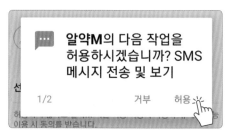

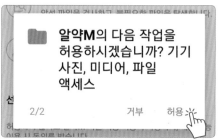

9 **사용정보 접근 허용**이 나타나면 화면을 위로 밀어 알약M을 찾은 후, 알약M을 터치합니다.

10 사용 추적 허용을 터치하고 뒤로 〈 를 터치합니다.

11 한 번 더 뒤로 〈 를 터치하면 알약 M으로 돌아갑니다. **권한 설정 안 내** 화면에서 다음을 터치합니다.

12 데이터 요금이 발생하지 않도록 Wi-Fi만 사용을 터치하여 완료를 터치합니다.

13 알약의 기능을 설명하는 화면이 나 타나면, 새로워진 알약M 시작하기 를 터치합니다.

14 메신저를 터치하여 메뉴가 나타나면 카카오톡을 터치합니다. 현재 카카오톡에서 저장 중인 임시 미디어 파일이 66.19MB(메가바이트)임을 알 수 있습니다.

★ 메신저가 보이지 않는다면 메뉴를 왼쪽으로 밀어줍니다.

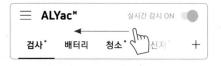

15 사진과 동영상의 임시 파일 용량을 확인할 수 있습니다. 먼저 사진의 관리하기를 터치합니다.

16 카카오톡 이미지가 나타나면 기간을 표시하는 글자 옆 ◯ 를 터치합니다. 해당 기간의 모든 사진을 선택할 수 있어 매우 편리합니다.

17 사진이 모두 선택되면 왼쪽의 기간을 표시하는 글자 3~6개월 이내를 터치합니다. 표시되는 기간은 스마트폰마다 다릅니다.

18 그 아래에 표시된 기간의 ○를 터치합니다.

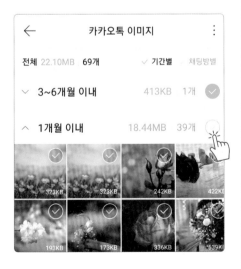

19 기간 **1개월 이내**를 터치합니다.

★ 지우고 싶지 않은 사진이 있다면 사진의 ○를 터치하여 선택을 해제합니다.

20 같은 방법으로 ◯ ➡ 기간을 표시 하는 날짜를 터치하여 모두 선택 한 후, 화면 하단의 삭제하기를 터 치합니다.

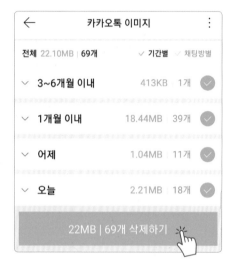

21 확인을 터치합니다.

22 동영상을 삭제하기 위해 동영상의 관리하기를 터치합니다. 진행 방법 은 사진과 동일합니다.

23 모든 미디어 파일을 삭제하면 카카 오톡 임시 파일의 용량이 0.00KB로 표시됩니다. 뒤로 ←를 터치하여 완 료합니다.

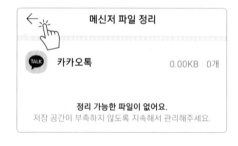

TALK 친구 숨기기

친하지 않거나 오랫동안 연락이 끊겨 카톡을 주고받지 않는 사람이라면 친구 목록에서 숨기기해도 괜찮습니다. 숨기기를 실행하면, 친구 목록에서는 사라지지만 상대방이 나에게 카톡을 했을 때 메시지를 받을 수는 있습니다.

1 친구 목록 👤에서 숨길 친구의 이름을 오래 터치합니다.

2 메뉴에서 숨김을 터치합니다.

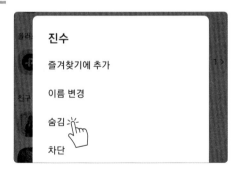

3 확인을 터치합니다.

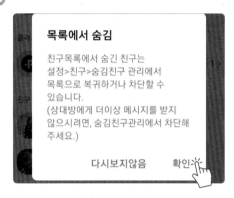

4 친구 목록 👤에서 진수가 사라졌습니다.

💬 숨긴 친구 해제하기

설정을 이용하여 친구 목록에서 사라진 친구를 다시 목록에 추가할 수 있습니다.

1 친구 목록 👤에서 설정 ⚙을 터치합니다.

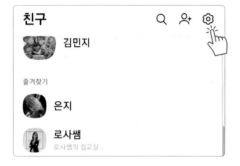

2 친구 관리를 터치합니다.

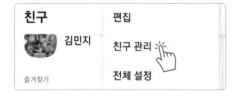

3 숨김친구 관리를 터치합니다.

4 숨김을 해제할 친구 이름 옆 관리를 터치합니다.

5 친구목록으로 복귀를 터치합니다.

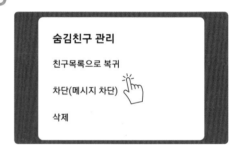

6 뒤로 ←를 두 번 터치하면 진수가 다시 친구 목록에 추가됩니다.

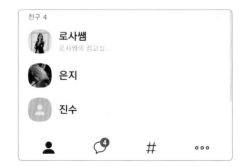

💬 친구 차단하기

카카오톡 친구 중에서 친분이 아예 없는 사람이나, 홍보성 글을 자주 보내는 사람은 차단하는 것이 좋습니다.

1 친구 목록 👤에서 차단할 친구를 오래 터치합니다.

2 차단을 터치합니다.

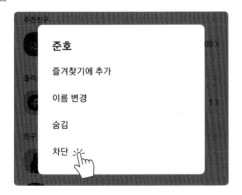

3 확인을 터치합니다.

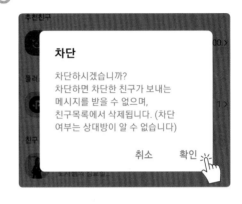

⭐ 숨김 : 친구 목록에서 사라지지만, 메시지를 받을 수 있습니다.

⭐ 차단 : 친구 목록에서 사라지며, 메시지를 받을 수 없습니다.

🗨 프로필 비공개로 차단하기, 해제하기

카카오톡 친구 목록에서 상대방을 차단하더라도 상대방의 카카오톡 친구 목록에서는 내가 사라지지 않으므로, 상대방이 나의 프로필을 확인할 수 있습니다. 만약 상대방이 내 프로필을 확인하는 것이 불편하다면 프로필 비공개 차단을 설정합니다.

1 친구 목록 👤에서 설정 ⚙을 터치합니다.

2 친구 관리를 터치합니다.

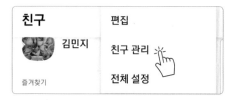

3 차단친구 관리를 터치합니다.

4 프로필 비공개로 설정할 친구 이름 옆 관리를 터치합니다.

5 메시지 차단, 프로필 비공개를 터치하고 확인을 터치합니다.

6 친구 이름 아래에 **메시지 차단, 프로필 비공개**로 설정되었음을 알 수 있습니다.

★ 메시지 차단을 했을 때는 상대방의 카카오톡에서 내가 설정한 프로필이 표시됩니다.

★ 메시지 차단, 프로필 비공개 차단을 했을 때는 상대방의 카카오톡에서 내 프로필이 기본 사진으로 표시됩니다.

7 차단한 친구의 메시지를 다시 받고자 한다면 차단 해제를 터치하고 확인을 터치합니다.

8 친구 추가를 터치합니다.

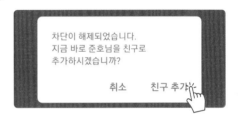

9 뒤로 ←를 두 번 터치하면 준호가 다시 친구 목록에 추가되었음을 알 수 있습니다.

🗨 프로필 – 사진 변경하기

1 친구 목록 👤에서 내 이름을 터치합니다.

2 프로필 관리를 터치합니다.

3 사진을 터치합니다.

4 앨범에서 사진 선택을 터치합니다.

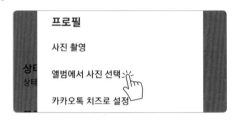

5 프로필로 사용할 사진을 터치하여 선택합니다.

6 사진의 중심이 한쪽으로 밀려있다면 자르기를 터치합니다.

7 1:1을 터치합니다.

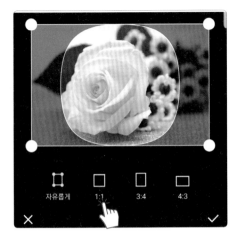

8 밝은 부분을 원하는 방향으로 밀어
주고 ☑를 터치합니다.

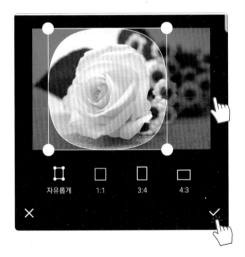

9 확인을 터치합니다.

10 다음과 같이 프로필 사진이 변경되
었습니다.

프로필 – 배경사진 변경하기

1 프로필 관리에서 배경사진의 📷을 터치합니다.

2 앨범에서 사진 선택을 터치합니다.

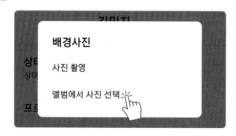

3 배경으로 사용할 사진을 터치하여 선택합니다.

4 확인을 터치합니다.

5 다음과 같이 배경사진이 변경되었습니다.

프로필 – 상태메시지 변경하기

1 프로필 관리에서 상태메시지를 터치합니다.

2 이전에 입력된 상태메시지가 있다면 를 터치하여 삭제합니다. 새로운 상태메시지를 입력하고 확인을 터치합니다.

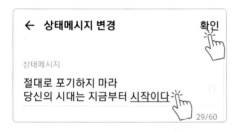

★ 상태메시지를 두 줄로 입력하려면 한 줄 입력 후 ⏎ 를 터치합니다.

3 다음과 같이 상태메시지가 변경되었습니다. 뒤로 ← 를 터치합니다.

4 ☒ 를 터치하면 친구 목록으로 이동합니다.

1 Play 스토어에서 치즈를 검색하고 카카오톡 치즈를 설치합니다.

2 카카오톡 치즈가 시작되면 카카오톡으로 시작하기를 터치합니다.

3 모두 동의합니다를 터치하고 시작하기를 터치합니다.

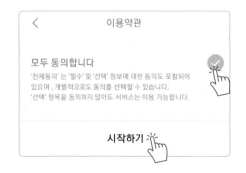

4 허용을 터치합니다.

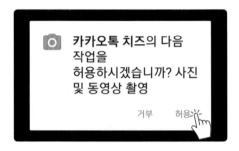

5 카카오톡 치즈가 셀카 모드로 실행됩니다.

6 스마트폰의 홈 단추를 터치합니다.

7 카카오톡을 실행합니다.

8 친구 목록에서 내 이름을 터치합니다.

9 프로필 관리를 터치합니다.

10 프로필콘을 터치합니다.

11 카카오톡 치즈로 설정을 터치합니다.

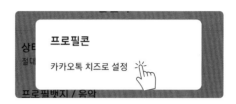

12 화면 하단의 여러 프로필콘 중 마음에 드는 프로필콘을 터치합니다.

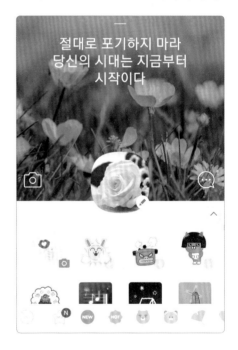

★ 하단의 여러 영역들을 터치하면 다양한 프로필콘을 확인할 수 있습니다.

⦿ : 새로운 프로필콘을 모아놓은 영역입니다.

⦿ : 인기있는 항목들을 모아놓은 영역입니다.

⦿ : 카카오톡 캐릭터와 관련된 프로필콘을 모아놓은 영역입니다.

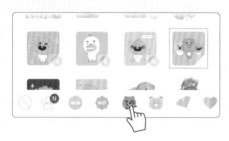

13 마음에 드는 프로필콘을 선택한 후 적용을 터치합니다.

14 프로필 관리를 끝내기 위해 스마트폰의 이전 단추를 세 번 터치합니다.

CHAPTER

03 카카오톡 PC 버전 활용하기

🗨 카카오톡 PC 버전 설치하기

카카오톡 PC 버전을 활용하면 컴퓨터의 사진이나 파일을 카톡으로 보내기 쉽고, 카톡으로 전송받은 사진이나 영상을 PC에 저장할 수 있어 매우 편리합니다. 또 컴퓨터로 작업 중에 카카오톡으로 전송받은 대화 내용을 바로 확인할 수 있습니다.

1 인터넷에서 카카오톡을 입력하고 카카오톡 PC 버전을 클릭합니다.

![NAVER 검색창](네이버 검색) 카카오톡
카카오톡 PC버전
카카오톡 pc 다운로드

2 다운로드를 클릭합니다.

카카오톡(Kakaotalk)
버전정보 v.2.7.3.1956 2018.10.05. 한글 프리웨어 37MB
카테고리 메신저, 메일 (다운로드 1위) 운영체제 Windows +
인기도 ▐▐▐▐▐▐▐▐▐ 총 36,920,226회 다운(최근 7일 262,446회)

다운로드 스페셜리뷰

3 무료 다운로드를 클릭합니다.

4 확인 후 다운로드를 클릭합니다.

5 네이버에 로그인하지 않으면 다음과 같은 메시지가 나타납니다. 다운로드를 클릭합니다.

⭐ 네이버에 로그인하였다면 위 메시지는 나타나지 않습니다.

6 다운로드를 클릭합니다.

7 화면 하단에서 **실행하거나 저장하시겠습니까?**라고 물으면 실행을 클릭합니다.

8 **디바이스를 변경할 수 있도록 허용하시겠어요?**라고 물으면 예를 클릭합니다.

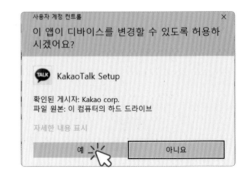

9 **카카오톡 설치** 화면이 나타나면 다음을 클릭합니다.

10 다음을 클릭합니다.

11 **설치하려는 구성 요소**에서 Daum **을 시작페이지로 설정**을 해제한 후 설치를 클릭합니다.

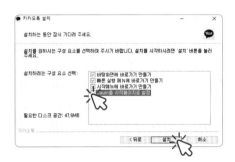

12 설치가 완료되면 마침을 클릭합니다.

카카오톡 PC 버전 로그인하기

1 카카오톡 PC 버전이 실행되면 카카오톡 계정과 비밀번호를 입력하여 로그인합니다. 스마트폰에서 설정한 카카오계정의 이메일과 비밀번호를 입력한 후 로그인을 클릭합니다.

2 내 PC 인증받기를 클릭합니다.

★ 1회용 인증받기는 본인 컴퓨터가 아닌 공용컴퓨터에서 로그인할 때 클릭합니다.

3 **스마트폰**에서 **카카오톡**을 열고 더보기 **○ ○ ○**를 터치합니다.

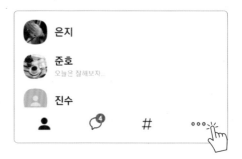

4 설정 ⚙을 터치합니다.

5 개인/보안을 터치합니다.

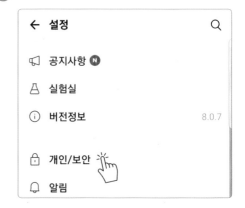

6 PC 연결 관리를 터치합니다.

← 개인/보안

계정

카카오계정

PC 연결 관리

7 인증번호 확인을 터치합니다.

← **PC 연결 관리**

PC에서도 카카오톡을 만나보세요.

스마트폰 뿐만 아니라 PC에서도 카카오톡을
즐기세요.
www.kakao.com에서 PC버전을 설치하신 후
로그인하시면 됩니다.

●●●●●●●●●●@naver.com

인증번호 확인

8 친구 이름 동기화하고 인증 받기를 터치합니다.

친구 이름 동기화하고 인증 받기

카카오톡 친구이름은 폰 연락처를 기본으로
만들어집니다. PC에는 폰 연락처가 없어서 친구
이름이 모바일과 다르게 보일 수 있습니다.

친구 이름 동기화를 해주시면 폰과 PC버전의
카카오톡 친구이름을 동일하게 맞출 수 있습니다.
친구가 많으면 동기화에 시간이 걸릴 수 있습니다.

친구 이름 동기화하고 인증 받기

인증 먼저 받기

9 동의를 터치합니다.

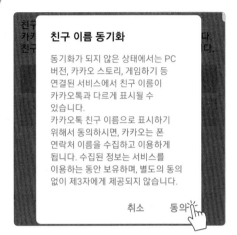

10 PC 버전 인증번호를 확인한 후 컴퓨터에 입력합니다.

← **PC버전 인증번호 확인**

PC버전 인증번호

6700

PC버전에서 인증번호를 입력해주세요.

11 다음과 같이 **카카오톡 PC 버전에 로그인**되어 스마트폰과 같이 카카오톡 친구와 채팅 목록을 확인할 수 있습니다.

💬 PC에서 카카오톡으로 채팅하기

1 친구 목록 👤에서 대화할 사람을 또는 채팅방 목록에서 채팅할 대화방을 더블클릭합니다.

2 하단의 하얀 네모를 클릭합니다.

3 글을 입력하고 전송을 클릭합니다.

⭐ 다음과 같이 행을 구분하여 입력하려면 Shift +Enter를 누릅니다.

💬 전송한 글 삭제하기

1 글에서 **마우스 오른쪽 버튼**을 누르고 **삭제**를 클릭합니다.

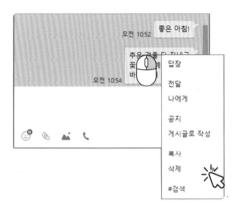

2 **모든 대화 상대에게서 삭제**를 클릭합니다.

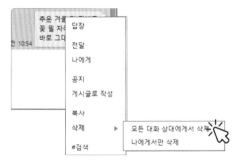

⭐ 전송한지 **5분** 이내의 대화는 모든 대화 상대에게서 삭제할 수 있습니다. 전송한지 5분이 지난 메시지는 나에게서만 삭제되고, 상대의 카카오톡 채팅방에는 남아 있습니다.

3 **메시지를 삭제하시겠습니까?**라고 물으면 **확인**을 클릭합니다.

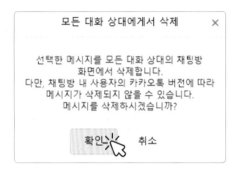

4 메시지가 삭제되면 삭제된 메시지임을 알리는 표시가 나타납니다.

5 **삭제된 메시지** 표시도 삭제할 수 있지만, 내 화면에서만 삭제됩니다.

⭐ 스마트폰에서 오래 누르는 동작은 컴퓨터에서 **마우스 오른쪽 버튼**과 같습니다.

1 글에서 마우스 오른쪽 버튼을 누르고 공지를 클릭합니다.

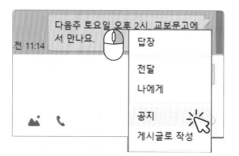

2 **공지를 등록하시겠습니까?**라고 물으면 확인을 클릭합니다.

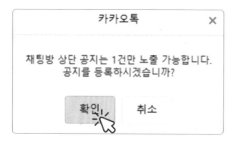

3 다음과 같이 공지가 등록되었습니다.

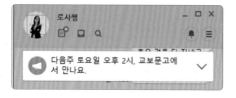

4 공지를 숨기려면 공지글의 ∨ 를 클릭합니다.

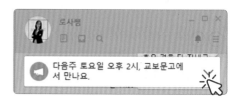

5 다시 열지 않음을 클릭합니다.

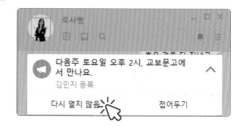

🗨 공지 내리기

1 공지의 내용이 잘못되었거나 불필요하여 채팅방에서 공지를 내리고자 할 때는 공지글의 글자를 클릭합니다.

2 공지창이 열리면 더보기 를 클릭합니다.

3 공지 내리기를 클릭합니다.

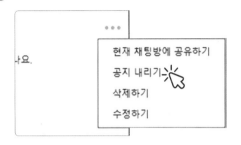

4 ⊠를 클릭하여 공지창을 종료합니다.

💬 컴퓨터에 저장된 사진을 카카오톡으로 전송하기

1 채팅창에서 사진 전송 🏞을 클릭합니다.

2 설명이 나타나면 확인을 클릭합니다.

3 사진 폴더를 클릭합니다. 전송하고자 하는 사진이 다른 폴더에 있다면 그 폴더를 찾아 더블클릭합니다. 보낼 사진을 선택하고 열기를 클릭합니다.

⭐ Ctrl을 누른 채 클릭하면 비연속적으로 여러 사진을 선택할 수 있습니다.

⭐ 첫 사진 클릭 후 Shift를 누른 채 클릭하면 연속된 사진을 동시에 선택할 수 있습니다.

4 다음과 같이 사진이 전송됩니다.

💬 전송받은 사진을 컴퓨터에 저장하기

1 채팅창에서 사진을 클릭합니다.

⭐ 사진 아래 저장을 클릭해도 됩니다. 다만 사진이 작아서 정확하게 확인할 수 없으므로 사진을 클릭하여 확인한 후 저장하는 것이 좋습니다.

2 저장을 클릭합니다.

3 저장을 클릭합니다.

⭐ 카카오톡 채팅창에서 저장된 사진은 내문서 ⇨ 카카오톡 받은 파일 폴더에 저장됩니다.

🗨 복사한 내용을 카카오톡으로 전송하기

컴퓨터의 한글 문서 또는 인터넷에 기록된 글이나 사진을 복사하여 카톡으로 전송할 수도 있습니다.

1 전송할 글을 드래그하여 범위지정한 후 Ctrl+C를 누릅니다.

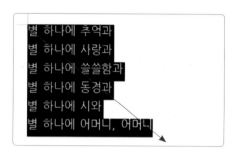

2 카카오톡 채팅창을 클릭하고 Ctrl+V를 누릅니다.

3 전송을 클릭합니다.

4 다음과 같이 글이 전송되었습니다.

5 한글 문서 또는 인터넷의 사진을 복사하여 전송할 수도 있습니다. 사진을 클릭한 후 `Ctrl`+`C`를 누릅니다.

6 카카오톡 채팅창을 클릭한 후 `Ctrl`+`V`를 누릅니다.

7 이미지로 붙여넣기를 클릭합니다.

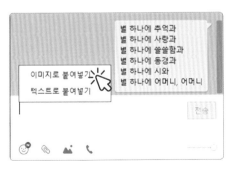

8 전송을 클릭합니다.

9 다음과 같이 복사한 사진이 전송되었습니다.

🗨 컴퓨터의 파일을 카카오톡으로 전송하기

1 채팅창에서 파일 전송 📎을 클릭합니다.

2 [Ctrl]을 누른 채 클릭, 클릭하여 전송할 파일을 선택한 후 열기를 클릭합니다.

3 파일을 보낸 사람의 컴퓨터에서는 다음과 같이 나타납니다.

★ 열기를 클릭하면 파일을 확인할 수 있고, 폴더 열기를 클릭하면 탐색기가 나타나 파일이 저장된 폴더의 내용을 보여줍니다.

4 파일을 받은 사람의 컴퓨터에서는 다음과 같이 나타납니다.

💬 받은 파일을 컴퓨터에 저장하기

1 저장을 클릭합니다.

2 열기를 클릭하면 파일의 내용을 확인할 수 있습니다.

★ 폴더 열기를 클릭하면 저장된 파일들을 확인할 수 있습니다.

받은 파일을 다른 폴더에 저장하기

1 다른 이름으로 저장을 클릭합니다.

2 파일을 저장할 폴더를 더블클릭합니다.

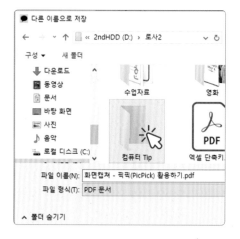

3 저장을 클릭합니다.

4 저장된 파일을 확인하기 위해서는 바탕화면의 탐색기를 더블클릭합니다. 또는 내 컴퓨터를 더블클릭합니다.

5 저장된 파일을 더블클릭합니다.

📢 받은 파일을 스마트폰에 저장하기

1 스마트폰에서 파일을 전송받은 사람은 ↓ 를 터치하여 확인할 수 있습니다.

2 파일을 저장하면 🖹 로 나타납니다.

3 파일을 터치하면 실행할 앱을 선택하는 화면이 표시됩니다. 한글 또는 PDF 파일은 한컴오피스 viewer를 터치합니다. 다음부터는 사용할 앱을 묻지 않도록 항상을 터치합니다.

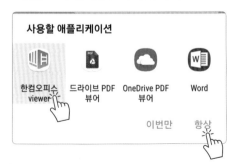

4 다음과 같이 문서가 열리고 내용을 확인할 수 있습니다.

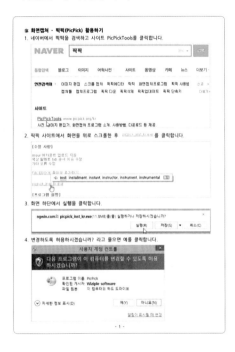

⭐ 관련 앱이 설치되어 있지 않다면 설치해야 합니다.
① **한글 파일** : 한컴오피스 viewer
② **엑셀 파일** : Microsoft Excel
③ **파워포인트 파일** : Microsoft Powerpoint
④ **PDF 파일** : 한컴오피스 viewer 또는 드라이브 PDF 뷰어

TALK 모아보기

채팅창에서 주고받은 사진을 확인하고, 한 번에 저장 또는 전달할 수 있습니다.

1 채팅창에서 **모아보기** 🖵를 클릭합니다.

2 전달하고자 하는 사진을 선택하고 전달을 클릭합니다.

★ 저장을 클릭하면 선택한 사진을 한 번에 저장할 수 있습니다.

3 전달할 친구를 클릭하여 1:1 채팅방을 클릭합니다.

★ 전달할 친구를 2명 이상 선택하면 1:1 채팅방이 아닌 그룹 채팅방이 생성됩니다.

4 ✕를 클릭하여 모아보기 창을 종료합니다.

컴퓨터에서 카카오톡 로그아웃 하기

컴퓨터의 카카오톡에 계속 로그인 되어 있다면 다른 사람이 나의 메시지를 볼 수도 있으므로, 컴퓨터를 사용하지 않을 때는 로그아웃하는 것이 좋습니다.

1 카카오톡에서 삼선 메뉴 ☰를 클릭합니다.

2 로그아웃을 클릭합니다.

3 카카오 계정에서 로그아웃 되었습니다. 새로운 계정으로 로그인할 수 있습니다.

BAND

나도 SNS 할 수 있다!

밴드

2

동호회 등 모임 활동에 매우 유용한 밴드는, 일정과 출석부 등의 유용한 기능이 매우 많습니다. 특히 게시판에 다양한 종류의 파일을 등록할 수 있어 모임과 관련된 기록을 정리하기에도 좋습니다.

CHAPTER 01 밴드 시작하기

 밴드 설치하기

1 Play **스토어**에서 **밴드**를 검색한 후 **설치** ⇨ **열기**를 터치합니다.

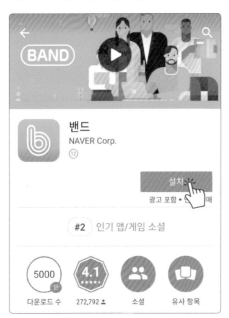

2 **밴드 가입**화면이 나타납니다. 네이버 아이디가 있다면 네이버로 가입하면 좋습니다. 네이버 아이디가 없다면 휴대폰 번호로 가입합니다. 휴대폰 번호 또는 이메일로 가입을 터치합니다.

3 휴대폰 번호와 밴드에서 사용할 비밀번호, 이름을 입력합니다. ◉를 터치하면 비밀번호를 확인할 수 있습니다. 다음을 터치합니다.

4 전체 동의 ✓를 터치하고 확인을 터치합니다.

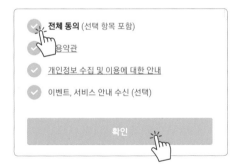

5 스마트폰 문자메시지로 인증번호가 전송됩니다.

6 스마트폰의 홈 단추를 누르고 문자메시지를 터치합니다.

7 BAND 인증 번호 메시지의 번호를 기억합니다.

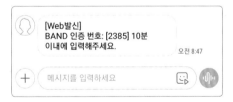

8 스마트폰의 최근 실행 앱 목록 버튼을 터치한 후 BAND를 터치합니다.

★ 삼성 스마트폰은 █, LG 스마트폰은 ▢ 또는 일부 기종은 ▢ 입니다.

9 인증번호를 입력하면 자동으로 다음 화면으로 이동합니다.

10 생년월일 란을 터치합니다.

11 생년, 월, 일을 위/아래로 밀어주며 본인의 생년월일을 선택한 후 설정을 터치합니다.

★ 음력 생일이라면 █ 을 터치합니다.

12 성별 란을 터치합니다.

13 본인의 성별을 터치합니다.

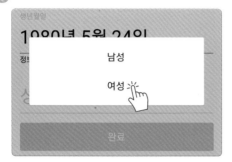

14 프로필 사진을 변경하기 위해 📷 를 터치합니다.

15 사진 선택을 터치합니다.

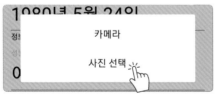

카메라를 터치하면 사진을 바로 촬영하여 프로필에 사용할 수 있습니다.

16 허용을 터치합니다.

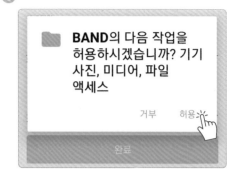

17 사진 선택 화면에서 Camera 앨범을 터치합니다.

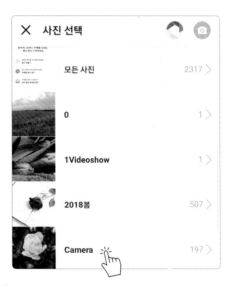

18 프로필로 사용할 사진을 선택합니다.

19 첨부를 터치합니다.

20 밝은 사각형을 밀어주며 프로필로 사용할 부분을 선택한 후 ☑를 터치합니다.

21 완료를 터치합니다.

22 밴드가 시작되었습니다.

 밴드 가입하기

1 다양한 밴드를 살펴보기 위해 주제별 밴드 찾기를 터치합니다.

2 특정 밴드를 검색할 수도 있고, 주제별 밴드에서 밴드를 찾을 수도 있습니다. 문화/예술을 터치해 보겠습니다.

3 문화/예술 밴드도 다양한 분류로 나뉘어 있습니다. 영화 분류의 EBS 다큐프라임 밴드를 터치합니다.

4 밴드를 살펴본 후 마음에 든다면 밴드 가입하기를 터치합니다.

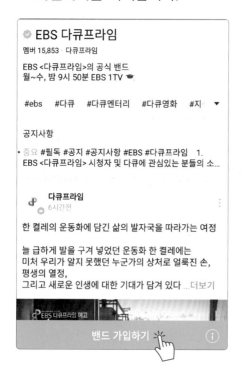

5 이 밴드에서 사용할 프로필을 선택하고 가입하기를 터치합니다.

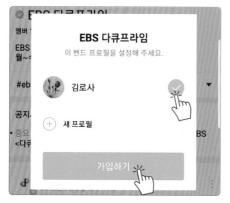

⭐ 밴드별로 다른 프로필을 사용할 수 있습니다.

6 운영 규칙을 알고 있어야 하므로, 공지사항을 터치하여 살펴봅니다.

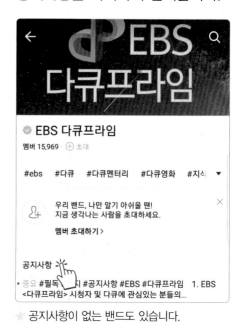

⭐ 공지사항이 없는 밴드도 있습니다.

7 공지사항을 모두 읽은 후 ☒를 터치합니다.

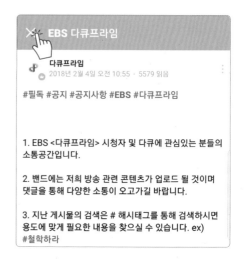

밴드 글 확인하기

1 밴드의 글 중 읽고 싶은 글을 터치합니다. 글에 느낌을 남기고 싶다면 **표정짓기**를 터치한 후 남기고자 하는 **스티커**를 터치합니다.

2 **댓글쓰기**를 터치합니다.

3 **댓글**을 입력하고 **보내기**를 터치합니다.

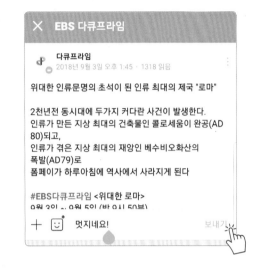

4 글 하단의 **공유하기**를 터치하면 다른 사람에게 전송할 수 있습니다.

5 **더보기**를 터치합니다.

6 글을 전송할 앱으로 카카오톡을 터치합니다.

7 글을 받을 친구를 터치한 후 확인을 터치합니다.

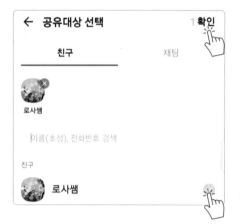

8 다음과 같이 글이 전송됩니다. 다시 밴드로 돌아가기 위해 뒤로 ←를 터치합니다.

9 다시 한 번 스마트폰의 이전 단추를 터치합니다.

10 종료하기 위해 ×를 터치합니다.

밴드 메뉴 살펴보기

밴드 하단의 메뉴 아이콘을 살펴보겠습니다.

1 💬 **채팅방** : 밴드 멤버들끼리 대화하기 위한 것으로, 터치하면 참여할 수 있습니다.

2 🖼 **사진첩** : 밴드의 사진첩을 확인할 수 있습니다.

3 📅 **일정** : 밴드 일정을 확인할 수 있습니다.

4 👥 **멤버** : 밴드에 가입한 멤버들을 확인하고 새로운 멤버를 초대할 수 있습니다.

5 ☰ **밴드 설정 관리** : 밴드의 알림과 프로필 등을 설정하고 탈퇴할 수 있습니다.

🅑 밴드 프로필 변경하기

가입한 밴드별로 프로필 사진뿐 아니라 이름, 상태메시지를 다르게 설정할 수 있습니다.

1 가입한 밴드 화면에서 오른쪽 하단 삼선 메뉴 ☰를 터치합니다.

2 이 밴드 프로필 설정을 터치합니다.

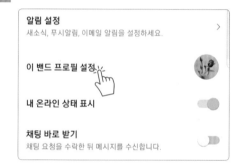

3 프로필 사진 변경을 위해 📷를 터치합니다.

4 사진 변경을 터치합니다.

5 사진이 저장된 앨범을 터치합니다.

6 프로필로 사용할 사진의 ◉를 터치하고 완료를 터치합니다.

7 밝은 사각형을 밀어주며 프로필로 사용할 부분을 선택한 후 ■를 터치합니다.

8 이름을 변경하기 위해 ×를 터치합니다.

9 이 밴드에서 사용할 이름과 상태메시지를 입력하고 완료를 터치합니다.

완료가 보이지 않으면 스마트폰의 이전 단추를 터치합니다.

10 아니요를 터치합니다.

ⓑ 밴드 알림 해제하기

밴드의 알림이 불편하다면 알림을 해제할 수 있습니다.

1 밴드 첫 화면에서 하단의 삼선 메뉴 ≡를 터치합니다.

2 알림 설정을 터치합니다.

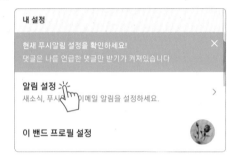

3 푸시알림 받기의 ●를 터치하여 해제합니다.

4 알림 설정 저장에 성공했습니다. 메 시지가 나타나면 뒤로 ←를 터치 합니다.

5 밴드 설정 관리를 종료하기 위해 **뒤 로** ←를 터치합니다.

🔵 밴드 탈퇴하기

1 밴드 첫 화면에서 하단의 삼선 메뉴 ≡를 터치합니다.

2 밴드 탈퇴 메뉴가 보이도록 화면을 위로 밀어줍니다.

3 밴드 탈퇴하기를 터치합니다.

4 **밴드를 탈퇴하시겠어요?**라고 물으면 이 밴드 탈퇴하기를 터치합니다.

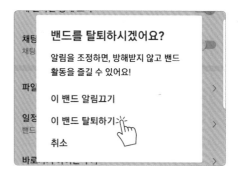

5 이 밴드에서 탈퇴하겠습니다.를 터치한 후 확인을 터치합니다.

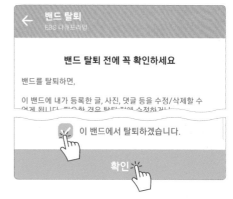

CHAPTER 02

밴드 만들기

밴드 만들기 – 비공개 밴드

1 밴드 첫 화면에서 밴드 만들기를 터치합니다.

2 모임의 분류를 터치합니다.

3 밴드의 이름을 입력한 후 사진 추가
를 터치합니다.

☀ 비공개 밴드의 변경을 터치하면 공개 밴드로
전환됩니다. 공개 밴드는 검색을 통해 누구나
가입할 수 있습니다.

4 앨범에서 선택을 터치합니다.

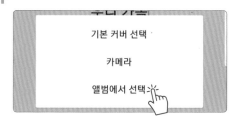

5 Camera 앨범을 터치합니다.

6 프로필로 사용할 사진의 ⊘를 터치
한 후 첨부를 터치합니다.

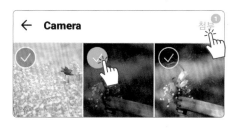

7 원하는 부분이 보이도록 밝은 사각
형을 밀어주고 ✓를 터치합니다.

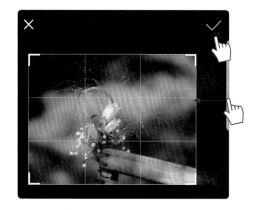

8 완료를 터치합니다.

9 공지사항이 나타납니다. 화면에서 글자가 없는 부분을 터치하면 다음 공지사항이 나타납니다.

★ 화면에서 글자가 없는 부분을 두 번 더 터치 하면 공지사항이 사라집니다.

10 다른 멤버를 초대하기 위해 초대를 터치합니다.

11 카카오톡을 터치합니다.

12 카카오톡을 터치한 후 항상을 터치 합니다.

★ 이번만 : 카카오톡을 선택하고 다음에 또 묻습니다. 상황에 따라 둘 중 다른 항목을 선택할 수 있습니다.
★ 항상 : 앞으로는 둘 중 하나를 묻지 않고 항상 카카오톡이 자동 선택됩니다.

13 공유할 친구를 선택하고 확인을 터치하면 초대 메시지가 전달됩니다.

🅑 밴드에 초대받아 가입하기

1 초대받은 사람은 메시지를 터치합니다.

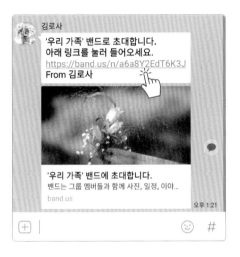

2 초대장 바로 확인을 터치합니다.

⭐ 초대받은 사람의 스마트폰에 밴드가 설치되어 있지 않다면 BAND 설치 및 초대장 확인을 터치합니다.

3 수락을 터치합니다.

4 이 밴드에서 사용할 프로필을 터치하고 가입하기를 터치합니다.

5 가입하면 다음과 같은 메시지가 나타납니다.

밴드 만들기 – 공개 밴드

1 첫 화면에서 밴드 만들기를 터치합니다.

2 만들고자 하는 밴드의 분류를 선택합니다.

3 밴드의 이름을 입력하고 공개 설정을 변경하기 위해 오른쪽 하단의 변경을 터치합니다.

4 공개 밴드를 터치합니다.

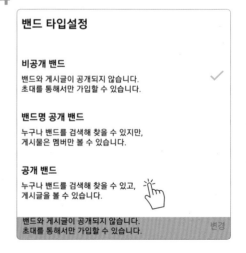

5 사진 추가를 터치합니다.

6 앨범에서 선택을 터치합니다.

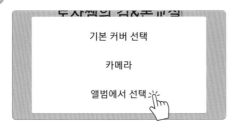

7 Camera를 터치합니다.

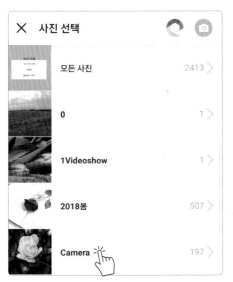

8 프로필로 사용할 사진의 ◎를 터치하고 첨부를 터치합니다.

9 프로필에 사용할 부분을 선택하기 위해 밝은 사각형을 밀어주고 ✓ 를 터치합니다.

10 완료를 터치합니다.

ⓑ 공개 밴드 검색하여 가입하기

1 검색하기 위해 🔍를 터치합니다.

2 밴드 검색 란을 터치합니다.

3 검색할 단어를 입력한 후 검색을 터치합니다.

4 검색 결과에서 가입할 밴드를 터치합니다.

5 밴드 가입하기를 터치합니다.

6 이 밴드에서 사용할 프로필을 선택합니다.

7 가입하기를 터치합니다.

🅑 밴드 정보 설정하기

밴드가 효율적으로 운영되도록 설정을 변경할 수 있습니다. 특히 공개 밴드인 경우, 많은 사람이 참여할 수 있도록 소개글과, 쉽게 접속할 수 있는 URL 주소, 밴드 키워드 등을 설정하는 것이 좋습니다.

1 하단의 **삼선 메뉴** ☰를 터치합니다.

2 **밴드 설정**을 터치합니다.

3 **밴드 소개말**을 터치합니다.

4 **내용을 입력**한 후 **확인**을 터치합니다.

5 밴드 주소를 터치합니다. 밴드 URL 을 설정하면 사람들이 URL 링크를 통해 해당 밴드에 쉽게 접속할 수 있습니다.

6 밴드 주소로 사용할 단어를 입력하 고 저장을 터치합니다.

7 이 주소를 사용하겠습니다.를 터치 한 후 확인을 터치합니다.

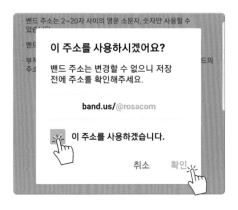

8 밴드를 대표하는 키워드를 선택하 기 위해 밴드 키워드를 터치합니다.

★ 밴드 키워드는 3개까지 선택할 수 있습니다.

9 하단의 추천 키워드가 마음에 든다면 터치하여 선택합니다.

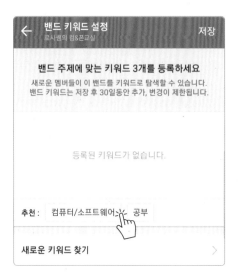

10 다양한 키워드를 선택하기 위해 새로운 키워드 찾기를 터치합니다.

11 다양한 분류 중에서 밴드와 어울리는 분류를 터치합니다. 화면을 위로 밀어 IT/컴퓨터를 터치합니다.

12 밴드에 어울리는 분류를 터치하여 선택한 후 ☒를 터치합니다.

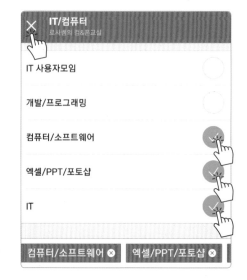

13 모두 선택하였으므로 뒤로 ◀️를 터치합니다.

14 저장을 터치합니다.

15 확인을 터치합니다.

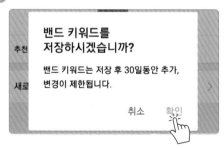

★ 설정한 밴드 키워드는 30일 동안 변경할 수 없습니다.

16 지역 정보를 설정하면 주변 지역 사람들에게 밴드가 추천됩니다. 지역 정보를 터치합니다.

17 허용을 터치합니다.

18 BAND가 내 위치 정보를 확인할 수 있도록 동의를 터치합니다.

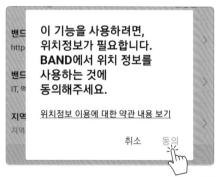

19 확인을 터치합니다.

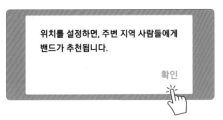

20 스마트폰이 현재 위치를 인식합니다. 현재 위치를 추가하려면 이 위치를 추가를 터치합니다.

★ 특정 장소를 검색하여 추가할 수도 있습니다.

① 🔍 장소 또는 지역입력 란에 장소명을 입력한 후 검색을 터치합니다.

② 장소가 검색되면 이 위치를 추가를 터치합니다.

21 다음과 같이 밴드에 관한 정보가 입력되었습니다.

🅑 대표태그 설정하기

대표태그를 설정하면 같은 주제의 글을 쉽게 찾을 수 있습니다. 대표태그는 30개까지 설정할 수 있습니다.

1 하단의 삼선 메뉴 ☰를 터치하여 밴드 설정을 터치합니다.

2 대표태그, 인기글을 터치합니다.

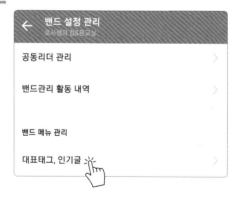

3 대표태그 설정을 터치합니다.

4 대표태그 추가를 터치합니다.

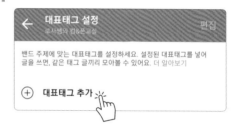

5 대표태그로 사용할 단어를 입력한 후 대표태그 추가를 터치합니다.

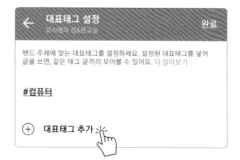

6 새로운 대표태그를 입력하고 다시 대표태그 추가를 터치합니다.

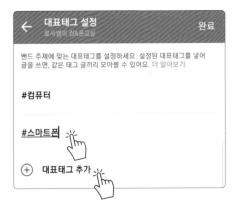

8 최신 인기글을 모아볼 수 있도록 인기글 보기의 ⚪를 터치합니다.

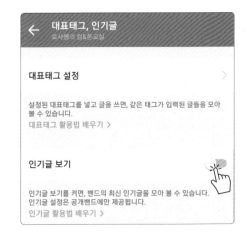

7 대표태그를 모두 입력한 후 뒤로 ⬅를 터치합니다.

9 모든 작업을 완료하였으므로, 뒤로 ⬅를 터치합니다.

CHAPTER 03 글쓰기와 글 관리하기

ⓑ 밴드에 글쓰기

1 글쓰기를 터치합니다.

2 글을 입력합니다.

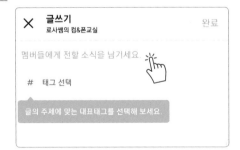

3 완료를 터치합니다.

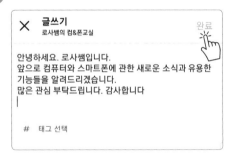

ⓑ 사진을 추가하여 글쓰기

1 글쓰기를 터치합니다.

2 글을 입력하고 사진을 추가하기 위해 ⊡를 터치합니다.

3 사진이 저장된 앨범을 터치합니다. KakaoTalk 앨범을 터치하겠습니다.

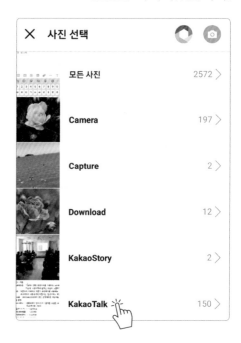

4 사진의 ⊙를 터치합니다.

5 사진의 해상도가 낮아지지 않도록, 화면 하단에서 원본 크기를 터치합니다.

6 원본 크기에 대한 설명이 나타나면 다시 보지 않기를 터치한 후 확인을 터치합니다.

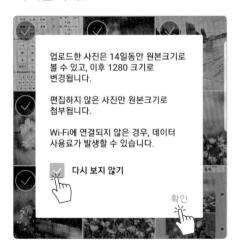

7 첨부를 터치합니다.

8 사진을 분류별로 저장하기 위해 앨범 선택하기를 터치합니다.

9 원하는 앨범이 없거나, 앨범이 하나도 없다면 앨범 만들기를 터치합니다.

10 앨범의 이름을 입력하고 확인을 터치합니다.

11 올리기를 터치합니다.

12 완료를 터치합니다.

ⓑ 글 수정하기, 삭제하기

1 글을 **수정**하려면 글의 메뉴 ⋮ 를 터치합니다.

2 글 수정을 터치합니다.

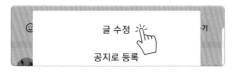

3 수정할 내용을 입력한 후 완료를 터치합니다.

4 작성된 글을 **삭제**하려면 글의 메뉴 ⋮ 를 터치하고 삭제하기를 터치합니다.

5 글을 **삭제하시겠습니까?**라고 물으면 예를 터치합니다.

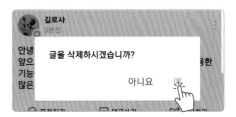

공지로 등록하기

1 글의 메뉴 ⋮를 터치한 후 공지로 등록을 터치합니다.

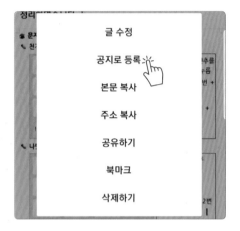

2 일반 공지로 등록을 터치합니다.

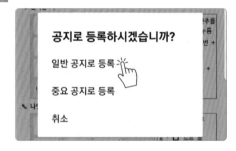

3 공지로 등록했음을 알리는 메시지가 나타납니다.

4 글 목록 상단에 공지사항이 등록되었습니다.

★ **중요 공지로 등록**하면, 다른 공지사항보다 상단에 배치됩니다. 중요 공지는 한 카페에서 2개까지 설정 가능합니다. **확인**을 터치합니다.

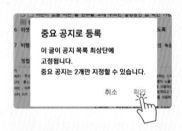

★ **공지사항 상단**에 중요 공지가 배치되어 있음을 알 수 있습니다.

ⓑ 다른 밴드에 글 공유하기

1 글의 메뉴 ⋮를 터치한 후 공유하기를 터치합니다.

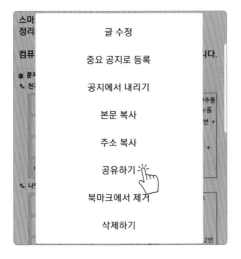

2 공유할 밴드를 선택합니다.

3 간단한 메시지를 입력한 후 완료를 터치합니다.

4 글이 밴드에 공유되면 성공했습니다. 메시지가 나타납니다.

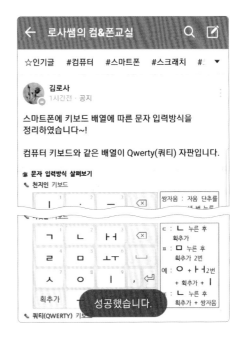

ⓑ 카카오톡으로 글 전송하기

1 글의 메뉴 ⋮ 를 터치한 후 공유하기를 터치합니다.

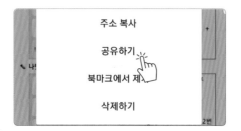

2 더보기를 터치합니다.

3 카카오톡을 터치합니다.

4 전송할 친구를 터치한 후 확인을 터치합니다.

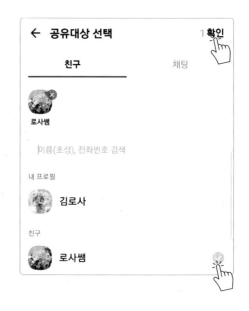

5 글이 전송되었습니다.

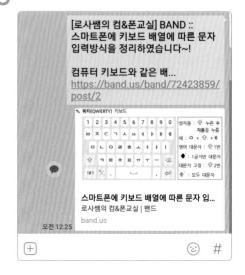

ⓑ 북마크 설정하기, 확인하기

좋은글, 중요한 글을 북마크로 설정하면 마이페이지에서 쉽게 찾을 수 있습니다.

1 글의 메뉴 ⋮를 터치한 후 북마크를 터치합니다.

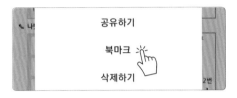

2 다음과 같은 메시지가 나타나면 닫기를 터치합니다.

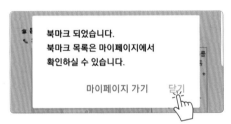

★ 이미 북마크가 설정된 글에서 메뉴를 터치하면 북마크에서 제거 메뉴가 나타납니다. 북마크에서 제거를 터치하면 북마크를 해제합니다.

3 북마크를 확인하려면 밴드의 첫 화면에서 삼선 메뉴 ☰를 터치합니다.

4 본인 프로필을 터치합니다.

5 마이페이지가 나타나면 북마크를 터치하여 북마크된 글을 확인할 수 있습니다.

★ 북마크에는 여러 밴드의 글이 함께 표시되며, 글 상단에서 밴드의 이름을 확인할 수 있습니다.

CHAPTER 04 다양한 방법으로 글쓰기

ⓑ 동영상 올리기

1 글쓰기를 터치합니다.

2 ▷을 터치합니다.

3 올리고자 하는 영상을 찾기 위해 모든 동영상을 터치합니다.

4 올리고자 하는 영상을 터치합니다. 여러 개의 영상을 선택할 수 있습니다.

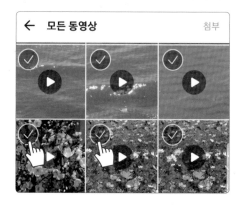

5 앨범 선택하기를 터치합니다.

6 영상을 저장할 앨범을 터치합니다.

★ 적당한 앨범이 없다면 앨범 만들기를 터치합니다.

★ 앨범의 이름을 입력한 후 확인을 터치합니다.

7 앨범 선택 후 올리기를 터치합니다.

8 영상이 보이면 글 입력 칸을 터치하여 추가 설명을 입력하고 완료를 터치합니다.

9 영상이 등록되었습니다.

ⓑ 유튜브 동영상 올리기

1 유튜브를 실행합니다.

2 유튜브가 실행되면 검색 Q 을 터치합니다.

3 영상의 제목을 입력합니다. 하단의 자동완성 목록에 찾고자 하는 영상이 있다면 클릭합니다.

4 검색된 영상 중에 올리고자 하는 영상을 터치합니다.

5 공유를 터치합니다.

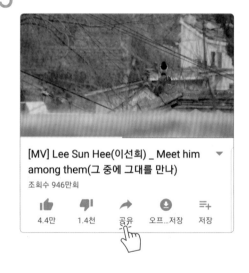

6 **링크 공유** 화면이 나타나면 **밴드**를 찾습니다. 밴드가 보이지 않을 때는 화면을 위로 올려줍니다.

7 공유–밴드를 터치합니다.

8 이 영상을 공유할 밴드를 터치한 후 확인을 터치합니다.

9 다음과 같이 유튜브 영상이 공유되었습니다.

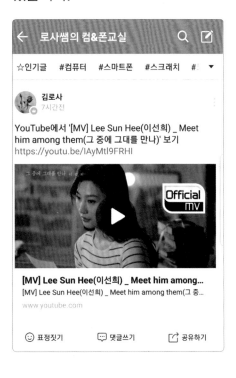

ⓑ 투표 올리기 – 복수 선택 가능

1 글쓰기를 터치합니다.

2 ☑을 터치합니다.

3 투표 제목 란을 터치한 후 회원들이 선택할 항목을 입력합니다.

4 스마트폰의 이전 단추 ↓를 터치하여 키보드를 숨기고 투표 설정 메뉴를 확인합니다.

5 메뉴를 확인하고 필요에 따라 터치하여 설정을 변경합니다. 투표 종료일을 설정하기 위해 마감일 설정을 터치합니다.

★ 기본적으로 복수 선택 허용이 선택되어 있으므로, 특별히 해제하지 않으면 투표하는 사람은 여러 항목을 선택할 수 있습니다.

★ 복수 선택 개수를 정하려면 **복수 선택 개수**의 제한 없음을 터치합니다.

★ 선택 가능한 항목의 개수를 선택한 후 확인을 터치합니다.

6 종료일을 터치합니다.

7 날짜를 위/아래로 밀어주어 투표 마감일을 선택한 후 설정을 터치합니다.

8 종료 시간을 설정하기 위해 **시간**을 터치합니다.

9 시간을 변경한 후 **설정**을 터치합니다.

10 **첨부**를 터치합니다.

11 **완료**를 터치합니다.

12 투표가 등록되면 **투표 글**을 터치하여 투표에 참여합니다.

13 원하는 항목을 터치합니다. 복수선택이 가능합니다. 메시지가 있으므로 회원들은 여러 항목을 선택할 수 있습니다.

★ 복수 선택 개수가 2개로 제한되어 있다면 **2개 선택 가능합니다.**라고 표시됩니다.

14 회원들이 투표에 참여하면 바로 결과가 표시됩니다.

15 투표가 완료되면 다음과 같이 결과를 확인할 수 있습니다.

투표 올리기 – 한 개만 선택 가능

1 글쓰기를 터치한 후 ☑을 터치합니다.

2 투표 내용을 입력한 후 복수 선택 허용의 ●을 터치하여 해제하고 첨부를 터치합니다.

3 완료를 터치합니다.

4 투표 글을 터치하고 원하는 항목을 선택합니다.

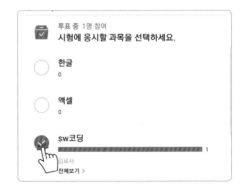

★ 한 개만 선택 가능하므로, 복수선택이 가능합니다. 메시지가 표시되지 않습니다.

5 다른 항목을 선택하면 이전에 선택한 항목은 해제됩니다.

투표 올리기 – 무기명 투표

밴드에서의 투표는 공개 투표로, 각 항목에 투표한 멤버의 이름을 확인할 수 있습니다. 항목당 투표한 멤버의 이름이 공개되지 않도록 하려면 무기명 투표를 선택합니다.

1 글쓰기를 터치합니다.

2 ☑을 터치합니다.

3 내용을 입력한 후 스마트폰의 이전 단추 ↓를 터치합니다.

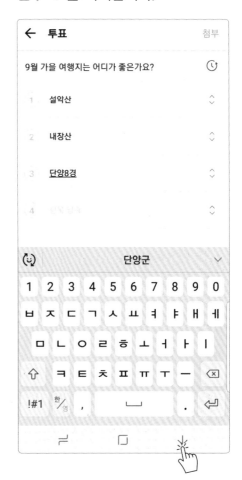

4 무기명 투표의 ◯를 터치하고 모든 내용을 확인한 후 **첨부**를 터치합니다.

5 **완료**를 터치합니다.

6 투표가 등록되었습니다.

7 무기명 투표로 설정했기 때문에, 회원들이 투표한 결과는 보이지만, 누가 설악산에 투표했는지 멤버의 이름은 확인할 수 없습니다.

ⓑ 음성 녹음 파일 올리기 - 음성 녹음 앱 활용

밴드에 음성 녹음 파일을 등록할 수 있습니다. 다만 음성 녹음 파일의 형식에 따라 등록 가능한 파일과 그렇지 않은 파일이 있으므로, 이를 먼저 확인해야 합니다. 그리고 스마트폰으로 직접 녹음한 파일이 등록 불가능하다면, 이지 보이스 레코더 앱을 설치해서 녹음해야 합니다. 스마트폰의 음성 녹음 앱으로 녹음한 파일을 등록해 보겠습니다.

밴드

1 스마트폰의 음성녹음 앱을 실행합니다.

2 녹음 단추 ●를 터치합니다.

3 녹음이 끝나면 종료 단추 ■를 터치합니다.

4 녹음 파일의 이름을 입력하고 저장을 터치합니다.

5 음성 녹음 파일이 저장되었습니다.

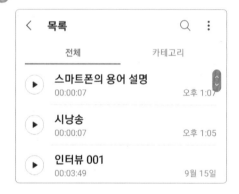

6 스마트폰의 홈 단추를 누르고 밴드를 실행합니다.

7 글을 올리고자 하는 밴드에서 글쓰기를 터치합니다.

8 글을 입력하고 음성 파일을 추가하기 위해 🔗을 터치합니다.

9 휴대폰에서 첨부를 터치합니다.

10 음성 녹음 파일이 저장된 폴더인 Voice Recorder를 터치합니다.

X	파일첨부	올리기
📁	Voice Recorder	
📁	Sounds	
📁	KakaoTalk	
📁	Download	

⭐ 스마트폰 기종에 따라 음성 녹음 파일이 저장된 폴더 이름이 다를 수 있습니다. LG 스마트폰 일부 기종은 HDAudioRecorder 또는 AudioRecorder를 터치하고 my_sounds를 터치합니다.

11 첨부할 음성 녹음 파일을 터치한 후 올리기를 터치합니다.

⭐ 두 개 이상의 녹음 파일을 선택할 수 있습니다.

12 완료를 터치합니다.

음성 녹음 파일 올리기 – 이지 보이스 레코더 앱 활용

스마트폰으로 녹음한 파일이 첨부할 때 보이지 않는다면, 밴드에 첨부 불가능한 파일 이라는 뜻입니다. 이런 경우에는 음성 녹음 앱 이지 보이스 레코더를 설치하여 m4a 형 식으로 녹음해야 합니다.

1 Play 스토어에서 **이지보이스**를 검 색하고 이지보이스 레코더를 터치 합니다.

2 설치 ⇨ 열기를 터치합니다.

3 알겠습니다!를 터치합니다.

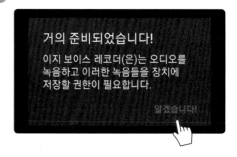

4 허용을 두 번 터치합니다.

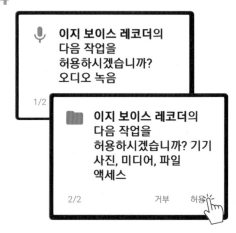

5 설정을 변경하기 위해 메뉴 ⋮를 터 치합니다.

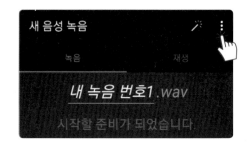

6 설정을 터치합니다.

7 세부 설정을 터치합니다.

8 파일 형식을 변경하기 위해 인코딩
을 터치합니다.

9 .m4a (AAC MP4)를 터치합니다.

10 스마트폰의 이전 단추 ← 를 두 번
터치합니다.

11 음성 녹음을 시작하기 위해 🎤를
터치합니다.

12 녹음이 끝나면 ✓를 터치합니다.

13 녹음이 종료되고, 녹음 파일이 표시되면 이름을 변경하기 위해 메뉴 ⋮ 를 터치합니다.

14 이름 변경을 터치합니다.

15 녹음 파일의 이름을 입력하고 이름 변경을 터치합니다.

16 이름 변경이 완료되면 다음 녹음을 할 수 있도록 화면이 표시됩니다. 음성 녹음 파일의 목록을 확인하고 싶다면 재생 탭을 터치합니다.

17 녹음한 파일 목록이 보입니다.

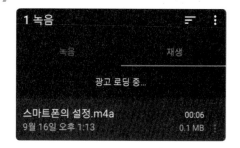

18 홈 단추를 누르고 밴드를 터치합니다.

19 글을 올릴 밴드를 선택한 후 글쓰기를 터치합니다.

20 글을 입력한 후 ✐를 터치합니다.

21 휴대폰에서 첨부를 터치합니다.

22 EasyVoiceRecorder 폴더를 터치합니다.

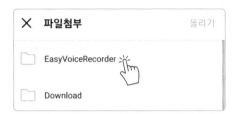

23 파일 이름을 터치한 후 올리기를 터치합니다.

24 완료를 터치합니다.

밴드

🅑 음성 녹음 파일 확인하기, 저장하기

1 음성 녹음 파일이 저장된 글을 터치한 후, 파일 이름을 터치합니다.

2 파일 열기를 터치합니다.

3 음악 앱을 터치한 후 확인을 터치합니다.

⭐ 기종에 따라 Play 뮤직이나 뮤직 또는 Samsung Music앱을 터치합니다.

4 음성 녹음 파일이 재생됩니다.

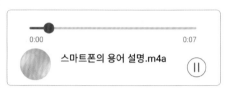

5 저장하려면 파일 이름을 터치한 후 이 휴대폰에 저장을 터치합니다.

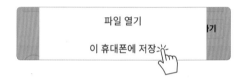

6 확인을 터치합니다.

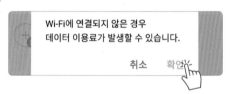

7 완료된 내용은 알림센터를 아래로 내려주면 확인할 수 있습니다.

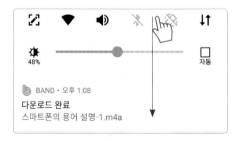

ⓑ 저장한 음성 녹음 파일 확인하기 – 삼성 스마트폰

1 저장된 파일을 찾으려면 앱스 화면에서 Samsung 그룹을 터치합니다.

2 내 파일을 터치합니다.

3 **카테고리**에서 내장 메모리를 터치합니다.

4 Download 폴더를 터치합니다.

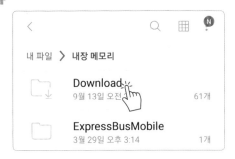

5 band 폴더를 터치합니다.

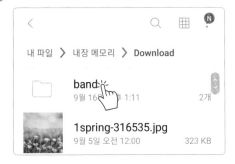

6 저장된 내용을 확인할 수 있습니다.

저장한 음성 녹음 파일 확인하기 - LG 스마트폰

1 휴대폰 관리를 터치합니다.

2 파일 관리자를 터치합니다.

3 Download 폴더를 터치합니다.

4 band 폴더를 터치합니다.

5 저장된 녹음 파일을 확인할 수 있습니다.

ⓑ 파일 올리기

1 글쓰기를 터치합니다.

2 𝒪을 터치합니다.

3 휴대폰에서 첨부를 터치합니다.

4 확인을 터치합니다.

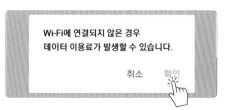

5 파일이 저장된 폴더를 터치합니다.

6 첨부할 파일을 터치합니다. 여러 개의 파일을 동시에 올릴 수 있습니다.

7 올리기를 터치합니다.

8 글을 입력할 부분을 터치합니다.

9 글을 입력한 후 태그 선택을 터치 합니다.

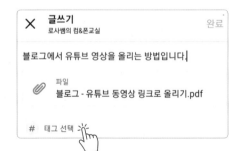

10 대표태그 중 글의 주제와 맞는 태 그를 터치합니다.

11 완료를 터치합니다.

ⓑ 글에 첨부된 파일 열기

1 파일이 첨부된 글을 터치합니다.

2 파일 이름을 터치합니다.

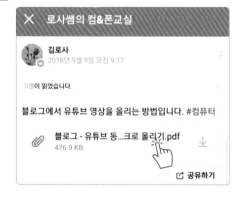

3 파일 열기를 터치합니다.

4 **사용할 애플리케이션** 중에서 Adobe Acrobat을 터치합니다.

⭐ 스마트폰에서 PDF 파일을 확인하기 위해서는 앱이 필요합니다. Play 스토어에서 PDF를 검색하여 Adobe Acrobat Reader를 설치합니다.

⭐ 한글 문서는 한컴 Viewer를 설치합니다.

⭐ 엑셀 문서는 Microsoft Excel을 설치합니다.

⭐ 파워포인트 문서는 Microsoft PowerPoint를 설치합니다.

⭐ 폴라리스 오피스를 설치하면 PDF뿐 아니라 한글, 엑셀, 파워포인트 문서도 확인할 수 있지만, 광고가 포함되므로 불편할 수 있습니다.

5 다음부터 이 형식의 파일을 열기할 때 또 묻지 않도록 항상을 터치합니다.

6 파일이 열리고 내용을 확인할 수 있습니다.

ⓑ 글에 지도 첨부하기

글에 장소가 포함되어 있을 때는 지도를 첨부하여 멤버들에게 정확한 장소를 알려주는 것이 좋습니다.

1 글쓰기를 터치하고 ···을 터치합니다.

2 지도를 터치합니다.

3 지도를 밀어 추가할 위치를 찾은 후 이 위치를 추가를 터치합니다.

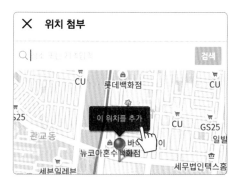

4 글을 입력하고 완료를 터치합니다.

5 글과 지도가 함께 표시되어, 멤버들이 해당 장소를 정확히 알고 쉽게 찾아올 수 있습니다.

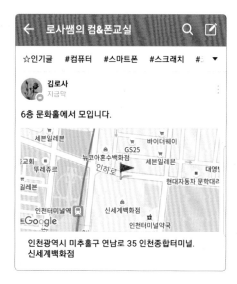

ⓑ To-Do 작성하기

멤버들이 해야 할 일을 To-Do 리스트로 작성해 놓으면, 실행이 완료되었는지 누가 완료했는지 모두 기록되어 정확하게 체크할 수 있습니다.

1 글쓰기를 터치하고 •••을 터치합니다.

2 To-Do를 터치합니다.

3 제목 란을 터치한 후 제목을 입력합니다.

4 해야 할 일들을 입력한 후 이전 단추 ↙를 터치합니다.

5 각 항목을 확인하고 설정합니다. 멤버 누구나 항목 추가의 를 터치하면 혹시 빠진 항목이 있을 때 누구나 그 항목을 추가할 수 있습니다.

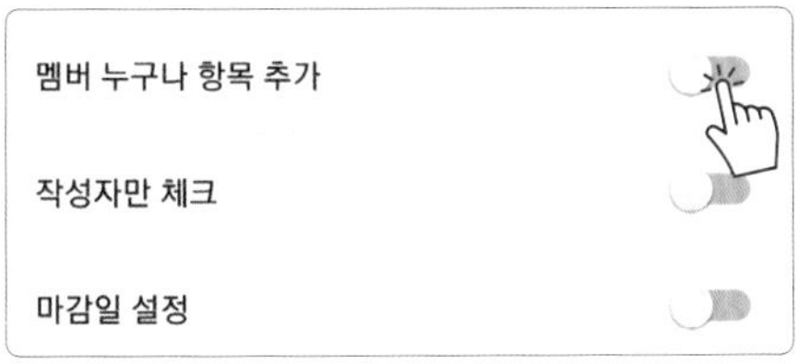

6 기한 내에 처리되도록 마감일 설정의 을 터치합니다.

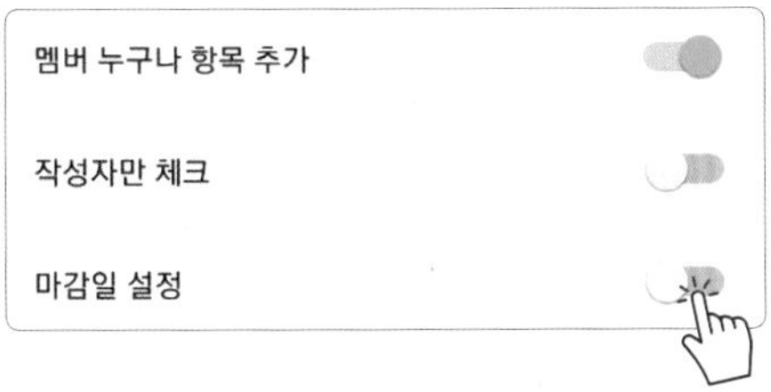

7 종료일을 터치합니다.

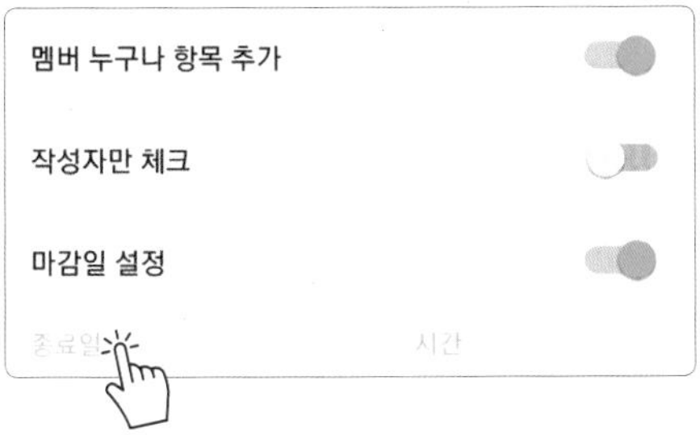

8 완료 날짜를 선택하고 설정을 터치합니다.

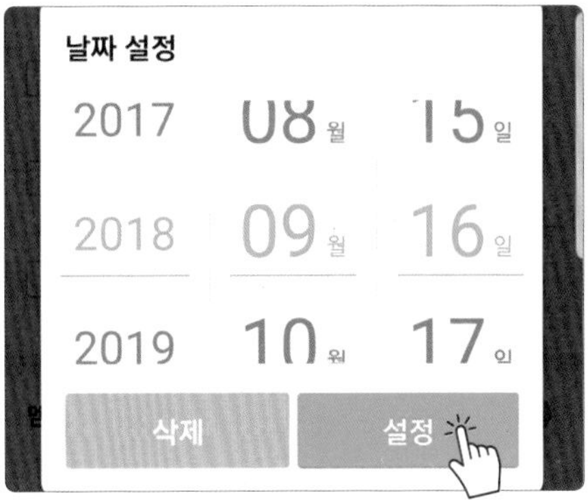

9 시간을 터치합니다.

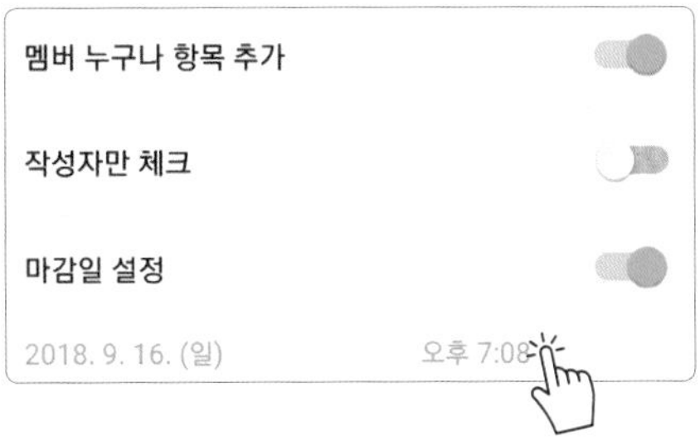

10 시간을 선택하고 설정을 터치합니다.

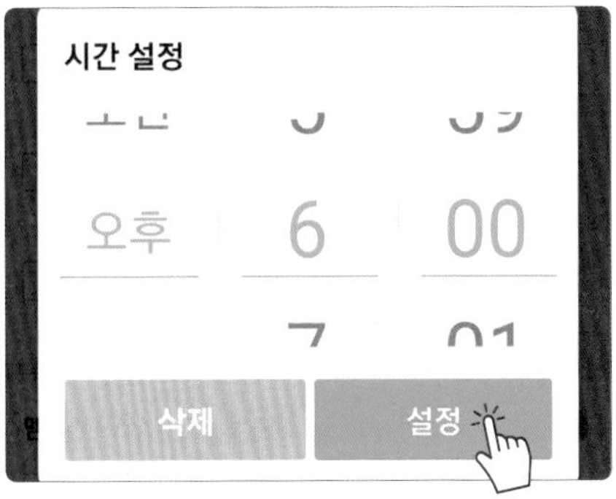

11 첨부를 터치합니다.

12 To-Do 리스트에 관한 설명을 입력하고 완료를 터치합니다.

13 To-Do 리스트가 등록되었습니다.

14 작업을 완료한 멤버들이 각 항목을 터치하면 다음과 같이 항목 옆에 그 멤버의 프로필이 표시됩니다.

참가 신청서 작성하기

특별한 행사가 있을 때 일정과 인원수를 결정하여 참가 신청서를 작성해 놓으면 신청한 멤버 목록이 바로 표시되고, 행사 전에 멤버들에게 알림이 전송되어 잊지 않게 할 수 있으며 직접 멤버를 추가할 수도 있습니다.

1 글쓰기를 터치하고 •••을 터치합니다.

2 참가 신청서를 터치합니다.

3 제목 란을 터치합니다.

4 제목을 입력하고 날짜를 터치합니다.

5 날짜를 선택한 후 설정을 터치합니다.

6 항목, 시간 입력을 터치합니다.

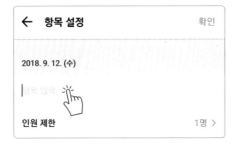

7 항목 입력을 입력합니다.

8 항목의 제목을 입력합니다.

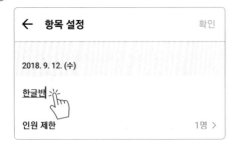

9 시작 시간을 터치합니다.

10 시간을 선택한 후 설정을 터치합니다.

11 종료 시간을 터치합니다.

시작 시간	오후 2:00
종료 시간	없음
미리 알림 설정	없음

12 시간을 선택한 후 설정을 터치합니다.

13 미리 알림 설정을 터치합니다.

14 알림 시간을 터치합니다.

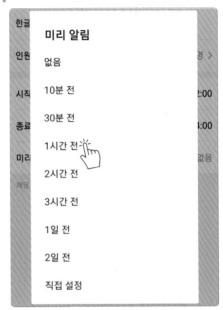

15 확인을 터치합니다.

★ 인원 제한을 변경하지 않으면 1명으로 설정됩니다.

16 다른 항목도 입력하기 위해 항목, 시간 입력을 터치합니다.

17 제목을 입력합니다.

18 인원을 변경하고 싶다면 인원 제한의 1명을 터치합니다.

19 1을 지우고 설정할 인원 수를 입력하고 확인을 터치합니다.

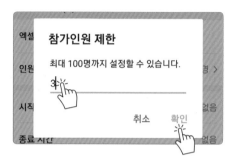

20 시간과 알림 등을 모두 설정하고 확인을 터치합니다.

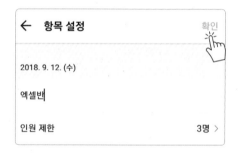

21 우리 밴드 멤버가 아닌 사람도 참여할 수 있게 하고 싶다면 외부 멤버 추가 허용의 ⬤ 을 터치합니다.

22 신청 마감일을 설정하기 위해 마감일 설정의 ◯ 을 터치합니다.

23 날짜를 터치합니다.

24 날짜를 변경하고 설정을 터치합니다.

25 시간을 터치합니다.

26 시간을 선택하고 설정을 터치합니다.

27 완료된 내용을 확인하고 첨부를 터치합니다.

28 글을 입력하고 완료를 터치합니다.

29 다음과 같이 글이 등록되었습니다.

30 한글반처럼, 멤버가 참가 신청을 하고 인원이 마감되면 해당 항목은 더 이상 선택할 수 없게 됩니다.

31 참가하고자 하는 항목을 터치하면 다음과 같이 선택되고 이름이 표시 됩니다.

32 각 항목의 인원 2/3 >을 터치하면 **다른 멤버를 추가**할 수 있습니다.

33 밴드 멤버 추가를 터치합니다.

★ 이 멤버와 채팅하기를 터치하면 행사에 참여 하는 멤버들끼리 채팅할 수 있습니다.

34 밴드 멤버 중 해당 항목에 참여시 킬 사람을 터치하고 확인을 터치합 니다.

35 확인을 터치합니다.

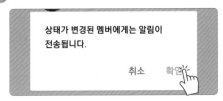

36 X를 눌러 멤버 추가를 종료합니다.
다음과 같이 멤버가 추가되었습니다.

37 다음과 같이 글이 등록됩니다.

🅑 일정 작성하기

일정을 등록하면 캘린더에 표시되고, 멤버들의 참석 여부도 쉽게 확인할 수 있습니다.

1 글쓰기를 터치하고 •••을 터치합니다.

2 일정을 터치합니다.

3 일정 제목을 입력합니다.

4 일정 설명을 터치하고 설명을 입력합니다.

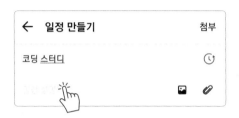

5 날짜를 터치합니다.

밴드

6 날짜를 선택하고 설정을 터치합니다.

7 시간을 터치합니다.

8 시간을 선택하고 설정을 터치합니다.

9 종료 시간을 설정하기 위해 종료일을 터치합니다.

10 날짜를 선택하고 설정을 터치합니다.

★ 1박 2일 등 여러 날짜에 걸친 일정이라면 종료일을 터치합니다.

11 종료 시간은 시작 시간에 비하여 1 시간 이후로 자동 설정됩니다. 필요하다면 종료 시간도 설정합니다.

12 반복되는 일정이라면 반복 안 함을 터치하여 반복 주기를 설정합니다.

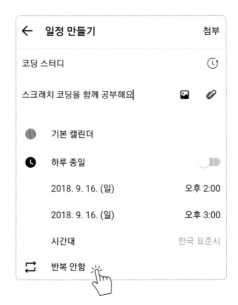

13 반복 주기를 터치합니다.

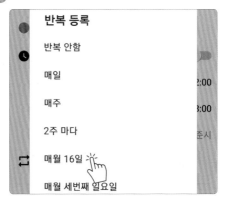

14 반복 종료 날짜를 터치합니다. 현재 임의의 날짜로 설정되어 있습니다.

15 날짜를 선택하고 설정을 터치합니다.

16 장소를 입력하기 위해 위치를 터치
합니다.

17 장소를 검색하기 위해 검색 란을
터치합니다.

18 검색할 장소의 이름을 입력한 후
검색을 터치합니다.

19 검색 결과 중에서 원하는 장소를
터치합니다.

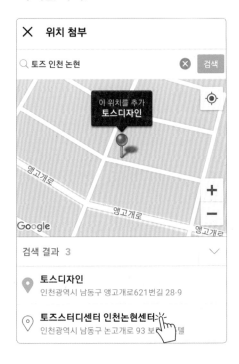

20 이 위치를 추가를 터치합니다.

21 참석 여부 확인 요청의 ◯▶를 터치합니다.

22 알림 시간을 설정하기 위해 미리 알림을 터치합니다.

23 미리 알림 시간을 선택합니다.

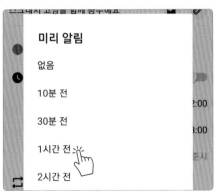

24 모든 항목을 확인한 후 첨부를 터치합니다.

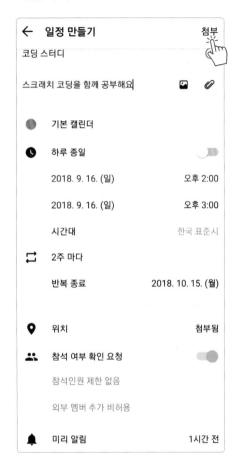

25 글을 입력할 부분을 터치한 후 글을 입력합니다.

26 완료를 터치합니다.

27 멤버들은 글을 터치하여 참석/불참 등을 선택할 수 있습니다.

28 밴드에 등록된 일정은 밴드 첫 화면 하단의 캘린더 🗓를 터치하면 확인할 수 있습니다.

29 일정에서 ¹⁶ ³⁰ 두 날짜가 2주에 한 번, 코딩 스터디가 진행되는 날입니다.

ⓑ 출석부 만들기 – 일정 참가자 자동 등록

등록된 일정에 관한 출석부를 만들어, 멤버들의 출석 여부를 쉽게 체크할 수 있습니다.

1 글쓰기를 터치하고 •••을 터치합니다.

2 출석체크를 터치합니다.

3 출석부 제목을 입력하고 출석 멤버를 터치합니다.

4 일정 참석자 불러오기를 터치합니다.

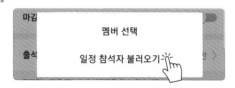

5 출석부를 만들고자 하는 일정을 터치합니다.

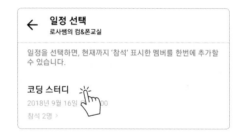

6 참석자를 확인하고 추가를 터치합니다.

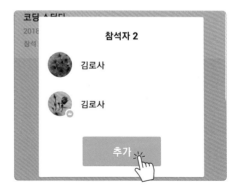

7 첨부를 터치합니다.

8 출석부에 관하여 안내할 내용을 입력합니다.

9 완료를 터치합니다.

10 출석부가 등록되었습니다. 출석부를 터치하고 본인 이름을 터치하면 다음과 같이 출석체크가 표시됩니다.

출석부 만들기 – 멤버 선택하여 등록

참여할 멤버를 직접 선택하여 출석부를 만들 수 있습니다.

1 글쓰기를 터치하고 •••을 터치합니다.

2 출석체크를 터치합니다.

3 출석부 제목을 입력하고 출석 멤버를 터치합니다.

4 멤버 선택을 터치합니다.

5 밴드 멤버들 중에서 출석부에 추가할 멤버를 터치하고 선택을 터치합니다.

6 출석부에 대한 설명을 입력하고 완료를 터치합니다.

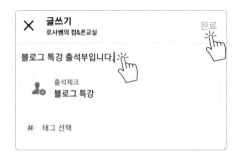

7 출석부가 등록되었습니다.

8 출석부를 터치하면 참석 멤버를 확인할 수 있습니다.

N빵으로 더치페이 설정하기

회비를 참가자들이 나누어 지불할 때 N빵 기능을 활용하면 1인당 지불할 금액이 바로 계산됩니다. 또한 특정 회원의 금액을 변경하면 나머지 회원의 금액이 바로 변경되며, 회비 입금 여부를 쉽게 관리할 수 있습니다.

1 글쓰기를 터치하고 •••을 터치합니다.

2 N빵을 터치합니다.

3 금액 입력 란을 터치한 후 총 금액을 입력합니다.

4 멤버를 선택하기 위해 👥를 터치합니다.

5 회비를 납부할 멤버를 선택하고 선택을 터치합니다.

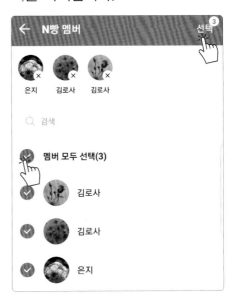

6 개인별 금액이 계산되어 표시됩니다. **특정 멤버의 금액을 변경**하려면, **변경**을 터치합니다.

7 금액을 입력하고 확인을 터치합니다.

8 다음과 같이 금액이 변경되었습니다.

★ 다시 N빵 ↺ 을 터치하면 다시 처음의 금액으로 변경됩니다.

9 N빵의 내용을 입력하고 완료를 터치합니다.

10 N빵 내용이 등록되었습니다.

11 회비를 납부하면 해당 멤버의 ◯를 터치합니다.

12 확인을 터치합니다.

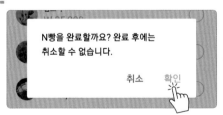

13 해당 멤버가 회비를 납부했음이 표시됩니다.

📱 글 예약하기

글을 입력한 후 특정 시간에 등록되도록 예약할 수 있습니다.

1 글쓰기를 터치합니다.

2 글을 입력하고 •••을 터치합니다.

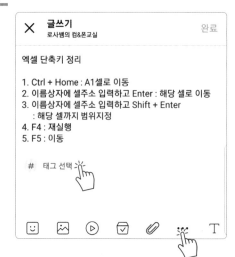

3 글쓰기 설정을 터치합니다.

4 예약시간 설정을 터치합니다.

5 날짜를 터치합니다.

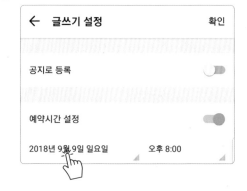

6 날짜를 선택하고 설정을 터치합니다.

7 시간을 터치합니다.

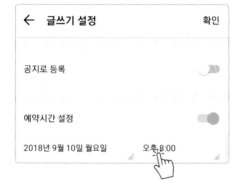

8 시간을 선택하고 설정을 터치합니다.

9 확인을 터치합니다.

10 예약을 터치하면 예약글이 추가되었다는 메시지가 나타납니다.

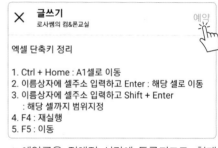

★ 예약글은 정해진 시간에 등록되므로, 현재 글 목록에서는 보이지 않습니다.

CHAPTER

05 다양한 댓글 작성하기

ⓑ 이모티콘 활용하기

밴드는 소통의 공간입니다. 다른 멤버의 글에 공감하고, 댓글을 남겨줌으로써 밴드의 활동이 활발해지고, 서로 더 좋은 정보를 나눌 수 있게 됩니다.

1 글을 읽고 이모티콘을 남기려면 ☺를 터치합니다.

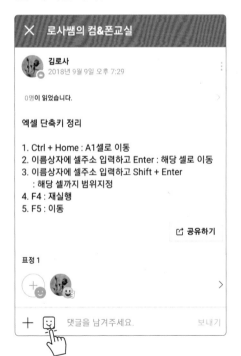

2 이모티콘을 처음 활용할 때는 다운로드를 해야 합니다. 다운로드를 터치합니다.

3 전체 다운로드를 터치합니다.

4 하단의 분류를 터치하여 다양한 이모티콘을 살펴봅니다.

5 마음에 드는 이모티콘을 터치한 후 보내기를 터치합니다.

이모티콘 구입하기

스티커샵에서 다양한 이모티콘을 구입할 수 있습니다.

1 ☺를 터치합니다.

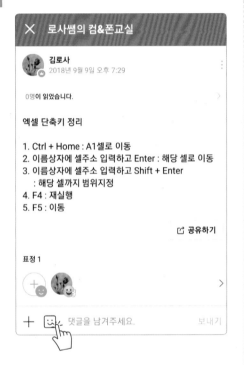

2 ⌨를 터치합니다.

3 마음에 드는 이모티콘을 터치합니다.

4 구입하기를 터치합니다.

5 원클릭 구매를 터치합니다.

⭐ 스마트폰에서 처음 구입한다면 카드 등 결제 정보를 입력해야 합니다.

6 결제가 완료되면 스마트폰으로 다운로드 됩니다.

7 스마트폰의 이전 단추 ↓ 를 터치하여 밴드의 글로 돌아온 후 구입한 이모티콘 분류를 터치합니다.

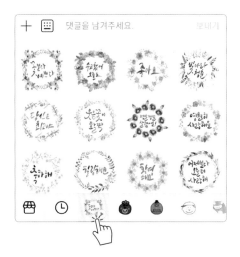

8 마음에 드는 이모티콘을 터치한 후 보내기를 터치합니다.

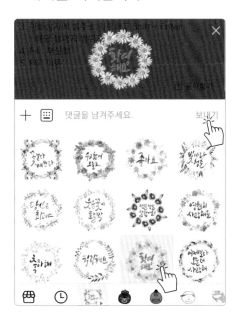

ⓑ 댓글에 사진, 동영상 남기기

밴드 글뿐 아니라 댓글로도 사진, 동영상, 음성 메시지, 파일을 등록할 수 있습니다.

1 글 하단의 ＋를 터치합니다.

2 사진, 동영상 선택을 터치합니다.

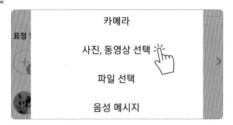

3 댓글에 등록할 사진이 있는 앨범을 터치합니다. 촬영한 사진을 등록하려면 Camera를 터치합니다.

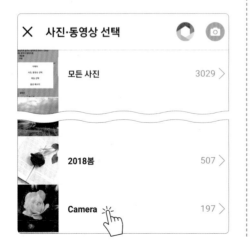

4 댓글에 올릴 사진을 터치합니다.

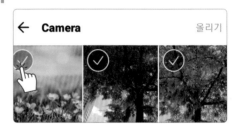

5 올리기를 터치합니다.

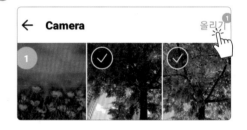

6 보내기를 터치합니다.

★ 동영상도 같은 방법으로 등록합니다.

🅑 댓글에 파일 올리기

1 글 하단의 ＋를 터치합니다.

2 파일 선택을 터치합니다.

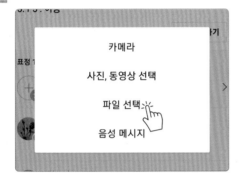

3 휴대폰에서 첨부를 터치합니다.

4 파일이 저장된 폴더를 터치합니다.

5 댓글에 등록할 파일을 터치하고 올리기를 터치합니다.

6 보내기를 터치합니다.

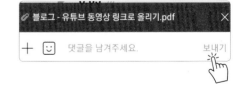

밴드

댓글에 음성 메시지 올리기

1 글 하단의 ＋를 터치합니다.

2 음성 메시지를 터치합니다.

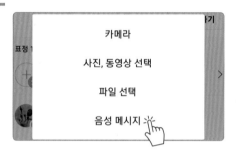

3 허용을 터치합니다.

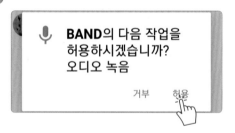

4 🎤를 누른 채 전송할 내용을 녹음합니다.

☆ 손을 떼는 순간 음성 메시지가 전송됩니다.

5 녹음을 끝내려면 손을 뗍니다.

6 ▶를 터치하면 음성이 재생됩니다.

ⓑ 댓글 삭제하기

댓글을 잘못 입력하였다면 삭제할 수 있습니다.

1 삭제할 댓글을 오래 터치합니다.

2 삭제하기를 터치합니다.

3 **댓글을 삭제하시겠습니까?**라고 물으면 삭제를 터치합니다.

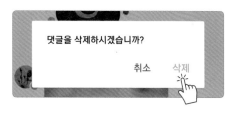

4 댓글이 삭제되고 다른 댓글이 위로 올라옵니다.

CHAPTER 06

밴드 채팅 활용하기

🅱 밴드 채팅 시작하기

밴드 채팅을 활용하면 대화는 물론, 그룹콜로 여러 명이 함께 통화할 수도 있습니다.

1 밴드 첫 화면에서 채팅 💬 을 터치합니다.

2 개설된 채팅방이 보입니다. 괄호 안의 숫자는 채팅에 참여한 멤버의 인원 수입니다. 밴드 멤버를 초대하고 대화하기 위해 채팅방을 터치합니다.

⭐ 리더는 자신이 개설한 밴드의 채팅방이 보입니다.

3 멤버를 초대하기 위해 오른쪽 상단의 메뉴를 터치합니다.

4 대화멤버 추가를 터치합니다.

5 채팅에 참여시킬 멤버를 터치하고 초대를 터치합니다.

6 참여 멤버 수가 3이 되었습니다. 메시지 입력 란을 터치합니다.

7 글을 입력하고 ➤를 터치합니다.

밴드

8 사진을 전송하려면 ╋를 터치합니다.

9 사진을 터치합니다.

10 Camera를 터치합니다.

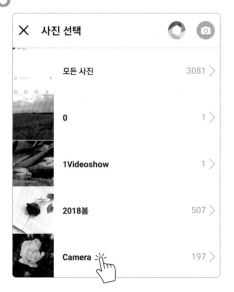

11 전송할 사진을 터치하고 첨부를 터치합니다.

12 사진이 전송되었습니다.

ⓑ 밴드 채팅에 초대받아 시작하기

누군가 밴드의 채팅방에 나를 초대하면 알림 메시지가 나타납니다.

1 밴드 첫 화면에서 채팅 💬을 터치
합니다.

2 채팅 요청 메시지를 확인할 수 있습
니다. 채팅 요청을 터치합니다.

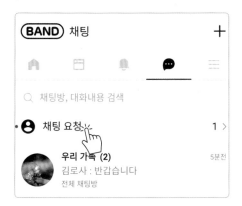

3 채팅방을 터치합니다.

4 참여를 터치합니다.

★ **채팅 바로 받기**를 설정하면 참여를 누르지 않 아도 자동으로 참여되지만, 원치 않는 채팅방 에 초대될 수도 있습니다.

① 채팅 요청 창에서 설정하기를 터치합니다.

② 자동 참여를 설정할 밴드를 터치합니다.

③ 뒤로 ←를 터치합니다.

5 채팅방이 열리고 대화할 수 있게 됩 니다.

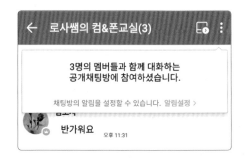

6 글을 입력하고 ➤를 터치합니다.

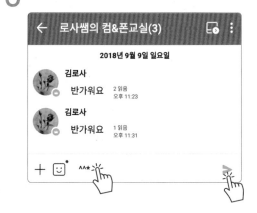

음성으로 채팅 듣기

출근 준비 등 바쁜 시간엔 채팅창을 보고 있을 시간이 없습니다. 이때 음성으로 채팅 듣기를 설정하면, 글을 보낸 사람의 이름과 내용을 음성으로 읽어주므로 스마트폰을 보고 있지 않아도 채팅 내용을 모두 알 수 있어 편리합니다.

1 채팅창에서 메뉴 📱를 터치합니다.

2 음성으로 채팅 듣기를 터치합니다.

3 음성으로 채팅 듣기 ⬤▭를 터치합니다.

4 뒤로 ←를 터치합니다.

5 이후의 대화는 음성으로 들을 수 있습니다. 음성으로 듣기를 해제하려면 채팅창 상단에서 끄기를 터치합니다.

⭐ 언어는 영어와 한국어 중에서 선택할 수 있습니다.

6 예를 터치합니다.

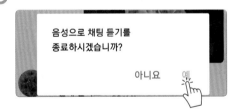

📶 그룹콜로 통화하기

그룹콜을 이용하면 채팅방 멤버들이 함께 통화할 수 있습니다.

1 채팅창에서 메뉴 ⋮를 터치합니다.

2 그룹콜을 터치합니다.

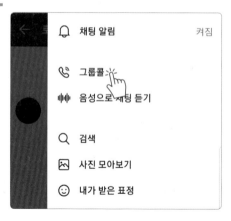

3 시작하기를 터치합니다.

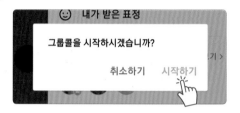

4 다른 멤버가 참여하기를 기다립니다.

★ 다른 멤버가 그룹콜을 시작하면 채팅창에 다음과 같은 메시지가 나타납니다. 참여를 터치하면 함께 통화할 수 있습니다.

★ 다음과 같이 물으면 허용을 터치합니다.

5 통화 중 화면입니다. 스피커를 터치하면 스피커폰으로 통화할 수 있습니다.

6 나가기를 터치하면 그룹콜을 종료합니다.

7 채팅창에 그룹콜이 종료되었음을 알리는 메시지가 나타납니다.

ⓑ 채팅방 알림 설정하기

많은 사람이 참여하는 채팅방이라면 잦은 알림이 불편할 수 있습니다. 이때는 알림 설정에서 알림을 해제합니다.

1 채팅창에서 메뉴 를 터치합니다.

2 채팅 알림을 터치합니다.

3 무음으로 푸시알림 받기를 터치하고 확인을 터치합니다.

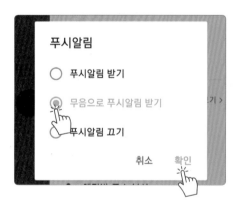

4 채팅 알림이 무음으로 변경되었습니다.

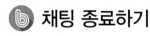 **채팅 종료하기**

1 채팅창에서 메뉴 █ 를 터치합니다.

2 나가기를 터치합니다.

3 확인을 터치합니다.

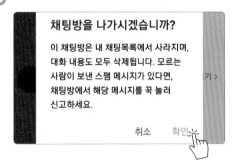

채팅방 새로 만들기

1 밴드 첫 화면에서 채팅 💬을 터치합니다.

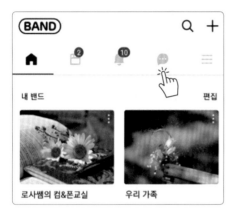

2 채팅방을 만들기 위해 ＋를 터치합니다.

3 개인적인 대화를 나눌 때는 비공개 대화하기를 터치합니다.

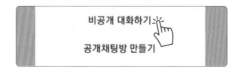

4 채팅방을 생성할 밴드를 터치합니다.

5 대화할 멤버를 선택하기 위해 터치하고 초대를 터치합니다.

6 채팅방이 생성됩니다.

CHAPTER 07

PC에서 밴드 활용하기

 PC에서 밴드 접속하기

밴드는 파일을 주고받는 일이 많으므로 컴퓨터에서 활용하면 매우 편리합니다. 컴퓨터용 밴드 프로그램을 설치하고 이를 활용하는 방법을 살펴보도록 하겠습니다.

1 네이버에서 밴드를 검색한 후 밴드-모임이 쉬워진다를 클릭합니다.

★ 데스크톱 버전을 설치하여 사용할 수도 있지만, 특정 밴드를 확인하기 위해서는 다시 웹사이트로 접속해야 하고, 창이 작아 답답하므로 인터넷에서 바로 접속하는 것이 편리합니다.

2 로그인을 클릭합니다.

한국어 ▾   회원가입   로그인

모임이 쉬워진다!
우리끼리 밴드

당신의 모임도 BAND로 시작하세요

휴대폰 번호 또는 이메일로 가입

비밀번호

이름

회원가입

f 페이스북으로 가입   **N** 네이버로 가입

3 휴대폰 번호로 로그인을 클릭합니다.

★ 스마트폰에서 밴드를 시작할 때 이메일 또는
네이버/페이스북으로 로그인했다면, PC에서
도 같은 방법으로 로그인해야 합니다.

4 휴대폰 번호와 비밀번호를 입력하고 확인을 클릭합니다.

5 인증문자 받기를 클릭합니다.

6 스마트폰으로 전송된 문자메시지를 확인하여, 인증문자를 PC에 입력하여 확인을 클릭합니다.

7 가입한 밴드 목록이 표시되고, 새로운 알림이 표시됩니다.

새소식 확인하기

1 밴드 첫 화면에서 🔔을 클릭합니다.

2 새소식을 확인하여 클릭하면 해당 글을 볼 수 있습니다.

3 확인된 댓글에 반응을 남기기 위해 표정짓기를 클릭합니다.

4 댓글에 남기고 싶은 표정을 클릭합니다.

5 댓글에 표정이 등록되었습니다.

★ 밴드 화면에서 왼쪽 상단의 밴드 로고 BAND 를 클릭하면 밴드 첫 화면으로 이동합니다.

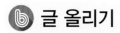 글 올리기

1 글을 올리고자 하는 밴드를 클릭합니다.

2 멤버들에게 전할 소식을 남겨주세요 를 클릭합니다.

3 글을 입력합니다.

4 강조할 단어는 마우스를 드래그하여 **범위지정**합니다.

5 적용하고자 하는 속성을 클릭하고 게시를 클릭합니다.

⭐ B : 굵게, *I* : 기울임꼴, U : 밑줄, S : 취소선

사진 올리기

1 멤버들에게 전할 소식을 남겨주세요 를 클릭합니다.

2 글을 입력한 후 ◯를 클릭합니다.

3 사진이 저장된 폴더를 더블클릭한 후, 올릴 사진을 선택하고 열기를 클릭합니다.

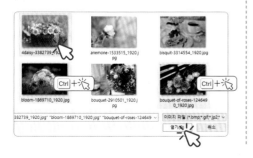

4 첨부하기를 클릭합니다.

5 게시를 클릭합니다.

밴드

밴드에 올라온 사진 저장하기

1 밴드에 올라온 사진을 클릭합니다.

2 를 클릭합니다.

3 저장 옆의 ▼을 클릭합니다.

4 다른 이름으로 저장을 클릭합니다.

5 파일을 저장할 폴더를 더블클릭한 후 저장을 클릭합니다.

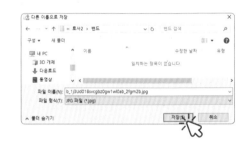

6 다음 그림을 저장하기 위해 ■를 클릭한 후 ■를 클릭하여 저장합니다.

🅑 동영상 올리기

1 멤버들에게 전할 소식을 남겨주세요. 를 클릭합니다.

2 글을 입력한 후 ⓟ를 클릭합니다.

3 올리고자 하는 영상을 더블클릭합니다. 영상을 클릭한 후 열기를 클릭해도 됩니다.

4 앨범 지정하지 않음 을 클릭합니다.

5 영상을 올리고자 하는 앨범을 클릭합니다.

6 첨부하기를 클릭합니다.

7 게시를 클릭합니다.

ⓑ 파일 올리기

1 멤버들에게 전할 소식을 남겨주세요.를 클릭합니다.

2 글을 입력한 후 🖉를 클릭합니다.

3 파일을 선택하여 더블클릭합니다.

4 게시를 클릭합니다.

밴드에 올라온 파일 저장하기

1 파일 이름을 클릭합니다.

2 ⤓를 클릭합니다.

3 **보안 경고**가 나타나면 예를 클릭합니다.

4 저장 옆의 ▼를 클릭합니다.

5 다른 이름으로 저장을 클릭합니다.

6 저장을 클릭합니다.

ⓑ 유튜브 동영상 올리기

1 인터넷 화면에서 새 탭 ⬜을 클릭합
니다. 단축키는 Ctrl+T입니다.

2 네이버에서 유튜브를 입력한 후 사이
트로 바로 이동을 클릭합니다.

3 올리고자 하는 영상의 제목을 검색
한 후 영상을 클릭합니다.

4 공유를 클릭합니다.

5 Ctrl+C를 눌러 동영상의 URL 주소
를 복사합니다.

6 상단의 여러 탭 중에서 밴드 이름이
있는 탭을 클릭합니다.

⭐ NAVER는 유튜브를 검색한 창이고, 이문세-
광화문.. 은 영상을 검색한 유튜브 창입니다.

7 글을 작성할 부분을 클릭합니다.

8 Ctrl+V를 누르고 게시를 클릭합니다.

ⓑ 글 수정하기, 삭제하기

본인이 올린 글이라면 내용을 수정하고 삭제할 수 있습니다. 다른 사람이 올린 글은 수정하거나 삭제할 수 없습니다. 다만 밴드 리더는 관리를 위해 다른 멤버의 글을 삭제할 수 있습니다.

1 글을 수정하기 위해 글의 메뉴 ⋮ 를 클릭합니다.

2 글 수정을 클릭합니다.

3 내용을 수정하고 게시를 클릭합니다.

4 글을 삭제하기 위해 글의 메뉴 ⋮ 를 클릭합니다.

5 삭제하기를 클릭합니다.

6 확인을 클릭합니다.

ⓑ 글 공유하기

밴드의 글을 다른 앱 또는 다른 밴드로 공유할 수 있습니다.

1 글의 메뉴 ⋮ 를 클릭합니다.

2 공유하기를 클릭합니다.

3 글을 공유할 밴드를 클릭합니다.

4 다른 밴드에 공유할 때 전할 글을 입력합니다.

5 게시를 클릭합니다.

6 취소를 클릭합니다.

★ 확인을 클릭하면 해당 밴드로 이동하여 공유된 글을 확인할 수 있습니다.

🅱 북마크 설정하기, 해제하기

중요하거나 저장해 두고 싶은 글은 북마크로 설정하여 쉽게 찾아볼 수 있습니다. 프로필 사진을 클릭하면 북마크 메뉴를 찾을 수 있습니다.

1 글의 메뉴 ⋮ 를 클릭하고 북마크를 클릭합니다.

2 **북마크 완료!** 메시지가 나타납니다. 모두보기를 클릭하면 북마크로 설정된 글을 확인할 수 있습니다.

3 북마크로 설정된 글 목록이 표시됩니다.

4 오른쪽 상단의 프로필 사진을 클릭합니다.

5 북마크를 클릭하면 북마크로 설정된 글 목록을 확인할 수 있습니다.

6 북마크 설정을 해제하려면 북마크에서 제거를 클릭합니다.

ⓑ 글 검색하기

밴드에서 특정 글을 찾으려면 검색 란을 활용합니다.

1 화면 상단의 글 검색 란을 클릭합니다.

2 검색할 단어를 입력하고 Enter를 누릅니다.

3 검색 결과에는 해당 단어가 입력된 댓글도 포함되어 표시됩니다. 댓글을 제외하려면 댓글 결과 포함을 클릭하여 글만 표시로 변경합니다.

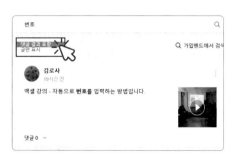

★ 태그로 검색하려면 #을 입력한 후 태그를 입력합니다.

★ 작성자로 검색하려면 @를 입력한 후 작성자 이름을 입력합니다.

밴드별 프로필 설정하기

밴드별로 프로필을 각각 다르게 설정할 수 있습니다.

1 밴드 설정을 클릭합니다.

2 **프로필 사진**에서 **변경**을 클릭합니다.

3 📷를 클릭하고 사진 선택을 클릭합니다.

4 프로필로 사용할 사진을 더블클릭합니다.

5 사각형을 밀어 프로필에서 보여질 부분을 선택한 후 **완료**를 클릭합니다.

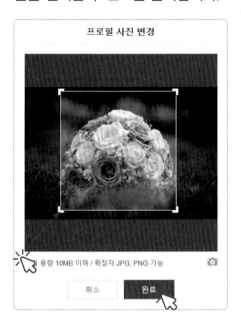

☆ 특수문자(♥, ♣, ◈ 등) 입력하기

① 한글로 ㅁ을 한 번 누르고 [한자] 키를 누릅니다.

② [Tab] 키를 누른 후 표시할 특수문자를 클릭합니다.

6 밴드에서 사용할 **이름**과 **상태메시지**를 입력하고 **확인**을 클릭합니다.

새소식 알림 설정 변경하기

1 밴드 설정을 클릭합니다.

2 새소식 알림 설정의 변경을 클릭하면 알림 설정을 변경할 수 있습니다.

3 기본적으로 내가 참여한 글의 댓글 받기로 설정되어 있습니다.

4 내글의 댓글 받기를 클릭하면 내가 작성한 글에 대한 댓글 알림만 받을 수 있습니다.

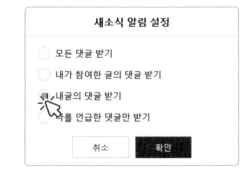

🅑 PC에서 밴드 탈퇴하기

1 밴드 설정을 클릭합니다.

2 **밴드 탈퇴**의 탈퇴하기를 클릭합니다.

3 이 밴드에서 탈퇴하겠습니다.를 클릭합니다.

4 탈퇴하기를 클릭하면 해당 밴드가 내 밴드 목록에서 사라집니다.

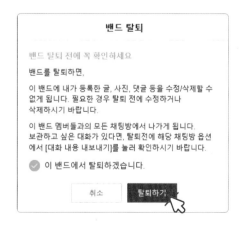

YouTube

나도 SNS 할 수 있다!

유튜브

3

전 세계의 동영상이 가장 많이 모인 공간으로 많은 사람들이 유튜브를 통해 새로운 공부를 하고, 새 소식을 듣습니다. 또한 유튜브 프리미엄 서비스로 영상을 저장하면 와이파이가 연결되지 않는 곳에서도 요금 걱정 없이 영상을 감상할 수 있습니다.

CHAPTER

01 영상 감상하기

▶ 영상 검색하기, 감상하기

1 스마트폰에서 **유튜브**를 터치하여 실행합니다.

2 유튜브 프리미엄 신청 화면이 나타 나면 **나중에 하기**를 터치합니다.

3 Q 를 터치합니다.

4 YouTube 검색을 터치합니다.

5 검색할 영상의 제목을 입력합니다. 하단의 자동완성 내용 중에서 마음에 드는 제목이 있다면 터치합니다.

6 검색된 영상 중에서 마음에 드는 영상을 터치합니다.

7 유튜브 프리미엄 서비스 이용을 권장하는 화면이 표시되면 나중에 하기를 터치합니다.

▶ 나중에 볼 동영상으로 저장하기, 확인하기

영상이 마음에 든다면 매번 검색하지 않도록 나중에 볼 동영상으로 저장합니다. 저장된 영상은 라이브러리에서 확인할 수 있습니다.

1 영상 하단의 저장을 터치합니다.

2 확인을 터치합니다.

3 하단의 메뉴에서 라이브러리를 터치합니다.

4 나중에 볼 동영상을 터치합니다.

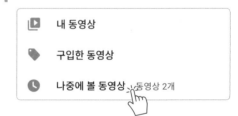

5 Watch later 화면이 표시됩니다. 파란 말풍선은 기능에 대한 설명이므로 터치하면 사라집니다.

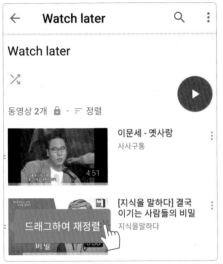

★ 여러 영상이 저장되어 있을 때 순서를 변경하려면 영상을 오래 터치한 후 밀어줍니다.

6 나중에 볼 동영상 목록에서 삭제하려면 영상의 메뉴 ⋮를 터치합니다.

7 Watch later에서 삭제를 터치합니다.

8 첫 번째 영상이 삭제되고 화면 하단에 나중에 볼 동영상에서 삭제되었습니다. 메시지가 나타납니다.

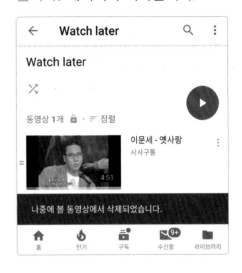

9 영상을 왼쪽으로 밀어도 삭제할 수 있습니다. 영상을 왼쪽으로 밀어준 후 삭제를 터치하면 영상 목록에서 사라집니다.

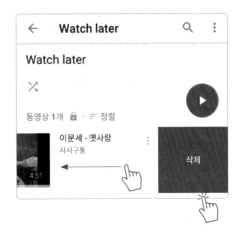

▶ 유용한 채널 구독하기

유용한 채널을 구독하면 새로운 영상이 등록될 때 알려주므로 놓치지 않을 수 있습니다.

1 영상 또는 채널의 이름을 검색합니다.

2 구독을 터치합니다.

3 구독중으로 표시됩니다.

4 구독중을 터치하면 **구독을 취소하시겠습니까?**라고 묻습니다. 확인을 터치하면 구독이 취소됩니다.

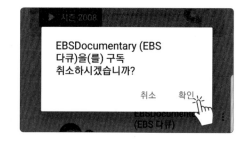

유튜브 프리미엄 활용하기

▶ 유튜브 프리미엄 무료 체험하기

유튜브 프리미엄은 유튜브 레드의 새 이름입니다. 유튜브 프리미엄을 시작하면, 월 7900원으로 영상을 저장해서 와이파이가 아닌 상태에서도 안심하고 재생할 수 있습니다. 또한 유튜브 영상 재생 중에 홈 단추를 눌러 다른 앱을 실행하더라도 영상의 소리를 계속 들을 수 있습니다.

1 유튜브 첫 화면의 오른쪽 상단 프로필 사진을 터치합니다.

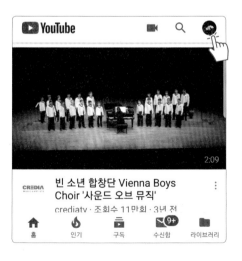

2 계정에서 YouTube Premium 가입을 터치합니다.

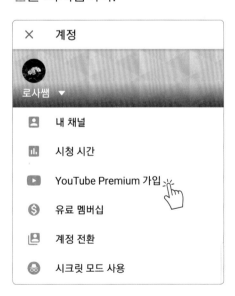

3 자세히 알아보기를 터치합니다.

4 무료 체험하기를 터치합니다.

5 스마트폰에서 요구하는 결제 정보를 모두 입력합니다. 결제 정보가 완료되면 다음과 같은 화면이 표시됩니다. 화면을 왼쪽으로 밀어줍니다.

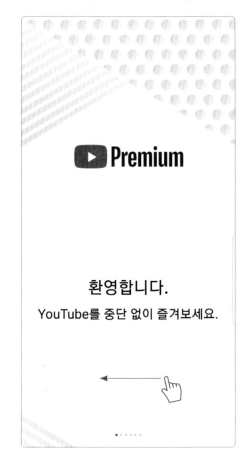

▶ 오프라인 영상 저장하기

영상을 저장하면, Wifi 신호가 없어도, Data를 사용하지 않아도 영상을 재생할 수 있습니다.

1 영상에서 메뉴 ⋮를 터치합니다.

2 오프라인 저장을 터치합니다.

3 영상의 해상도를 선택합니다. 되도록 가장 큰 HD를 선택하는 것이 좋습니다. 확인을 터치합니다.

★ 영상이 재생 중일 때는 오프...저장을 터치합니다.

유튜브

▶ 오프라인 영상 확인하기

오프라인 영상으로 저장해도 검색을 통해 재생하면 데이터 요금이 발생할 수 있습니다.
꼭 라이브러리의 오프라인 동영상 메뉴에서 재생해야 합니다.

1 라이브러리를 터치합니다.

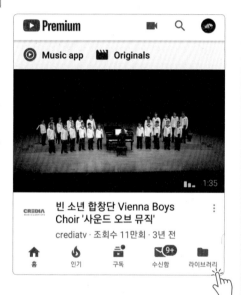

2 오프라인 동영상을 터치합니다.

3 보고싶은 영상을 터치합니다.

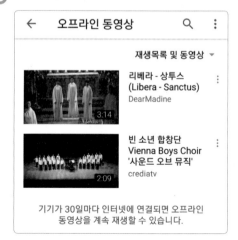

기기가 30일마다 인터넷에 연결되면 오프라인
동영상을 계속 재생할 수 있습니다.

▶ 유튜브 프리미엄 취소하기

필요에 의해 유튜브 프리미엄을 신청했어도, 매월 일정 금액을 지불해야 하므로 불필요하다고 생각되면 해제합니다. 또한 결제가 이미 진행되었으므로 취소하더라도 이번 결제 기간이 끝날 때까지는 사용할 수 있습니다.

1 유튜브 첫 화면의 오른쪽 상단 프로필 사진을 터치합니다.

2 유료 멤버십을 터치합니다.

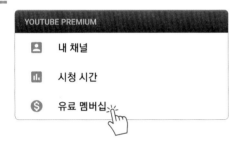

3 관리를 터치합니다.

4 멤버십 취소를 터치합니다.

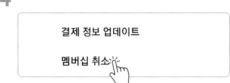

5 취소하는 이유를 터치하고 다음을 터치합니다.

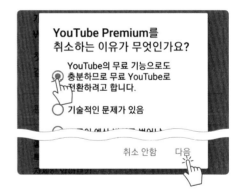

6 취소를 터치한 후 닫기를 터치합니다.

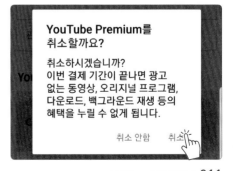

유튜브

CHAPTER

03 설정 변경하기

 모바일 데이터 사용 제한하기

동영상은 대부분 대용량이므로, 와이파이가 아닌 상태에서 영상을 재생하면 데이터요
금이 과도하게 발생할 수 있습니다. 그래서 모바일 데이터 사용 제한을 꼭 설정해야 합
니다.

1 유튜브 첫 화면의 오른쪽 상단 프로
필 사진을 터치합니다.

2 설정을 터치합니다.

3 일반을 터치합니다.

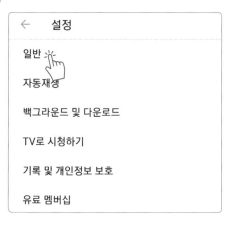

4 모바일 데이터 사용 제한을 활성화합니다. ●라면 활성화된 상태입니다. ⫸ 라면 터치하여 활성화 합니다.

▶️ 제한 모드 설정하기

제한 모드를 설정하면 미성년자 부적합 콘텐츠를 포함할 가능성이 있는 영상을 보이지 않도록 할 수 있습니다.

1 유튜브 첫 화면의 오른쪽 상단 프로필 사진을 터치합니다.

2 설정을 터치합니다.

3 일반을 터치합니다.

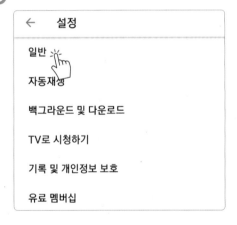

4 화면을 위로 올려 제한 모드를 활성화합니다.

▶️ 다음 동영상 자동 재생 해제하기

터치한 영상의 재생이 끝나고 자동으로 원치 않는 영상이 재생되어 불편하다면 다음 동영상 자동재생을 해제합니다.

1 유튜브 첫 화면의 오른쪽 상단 프로필 사진을 터치합니다.

2 설정을 터치합니다.

3 자동재생을 터치합니다.

4 다음 동영상 자동재생을 해제합니다.

▶ 알림 해제하기

과도한 알림이 발생되어 불편하다면 설정에서 알림을 해제합니다.

1 유튜브 첫 화면의 오른쪽 상단 프로
필 사진을 터치합니다.

2 설정을 터치합니다.

3 알림을 터치합니다.

4 구독, 맞춤 동영상, 내 채널의 활동,
내 댓글의 활동 등에 설정된 알림을
터치하여 해제합니다.

5 알림이 해제되었습니다.

▶ 유튜브 활동 기록 삭제하기

유튜브에서 시청한 영상에 대한 기록이나, 검색했던 기록을 삭제할 수 있습니다.

1 유튜브 첫 화면의 오른쪽 상단 프로필 사진을 터치합니다.

2 설정을 터치합니다.

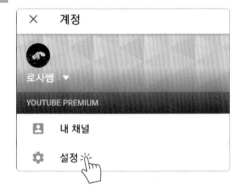

3 기록 및 개인정보 보호를 터치합니다.

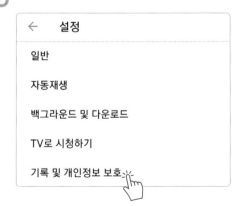

4 시청 기록 지우기를 터치합니다.

5 시청 기록 지우기를 터치합니다.

6 검색 기록 삭제를 터치합니다.

7 검색 기록 삭제를 터치합니다.

8 시청 내역과 검색 내역이 기록되지 않도록 하려면 시청 기록 일시중지 와 검색 기록 일시중지를 터치하여 해제합니다. 먼저 시청 기록 일시중 지를 터치합니다.

9 사용을 터치합니다.

10 검색 기록 일시중지를 터치하여 해제합니다.

11 사용을 터치합니다.

12 모든 기록이 해제되었습니다.

유튜브

Instagram

나도 SNS 할 수 있다!

인스타그램

4

사진을 게시하고 소통하기에 매우 유용한 SNS 서비스입니다. 해시태그(#)를 통하여 특정 주제와 관련된 글을 찾기 쉽고 새로운 친구를 만나 정보를 얻기에도 좋습니다.

CHAPTER 01

인스타그램 시작하기

인스타그램 가입하기

'인스턴트 카메라(Instant camera)'와 '텔레그램(Telegram)'의 합성어로 즉석에서 간편하게 사진과 동영상을 공유하는 SNS 서비스입니다.

1 Play 스토어에서 인스타그램을 설치하고 실행합니다.

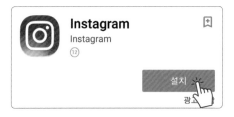

2 새 계정 만들기를 터치합니다.

3 휴대폰 번호를 입력하고 다음을 터치합니다.

4 **다음 작업을 허용하시겠습니까?**라고 물으면 허용을 터치합니다.

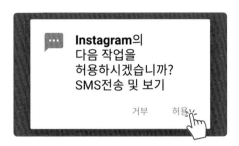

5 이름과 인스타그램에서 사용할 비밀번호를 입력하고 다음을 터치합니다.

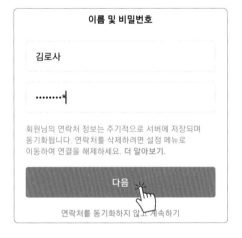

6 인스타그램은 스마트폰에 설정된 구글 계정의 아이디를 자동으로 가져옵니다. 아이디를 변경하려면 사용자 이름 변경을 터치합니다.

7 새 아이디를 입력하기 위해 아이디가 입력된 부분을 터치합니다.

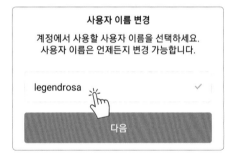

8 인스타그램에서 사용할 아이디를 입력합니다.

★ 내가 입력한 아이디를 다른 사람이 사용 중이라면 다음과 같이 사용할 수 없다는 메시지가 표시됩니다. 그럴 때는 다른 아이디를 입력합니다.

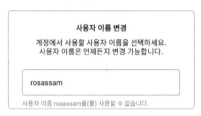

사용자 이름 변경
계정에서 사용할 사용자 이름을 선택하세요.
사용자 이름은 언제든지 변경 가능합니다.

rosassam

사용자 이름 rosassam을(를) 사용할 수 없습니다.

9 ✓가 나타나면 사용 가능한 아이디입니다. 다음을 터치합니다.

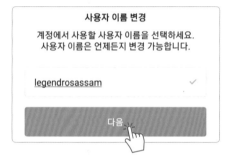

사용자 이름 변경
계정에서 사용할 사용자 이름을 선택하세요.
사용자 이름은 언제든지 변경 가능합니다.

legendrosassam ✓

다음

10 프로필 사진을 선택하기 위해 사진 추가를 터치합니다.

프로필 사진 추가

친구들이 알아볼 수 있도록 프로필 사진을 추가하세요.

사진 추가

건너뛰기

11 허용을 터치합니다.

📁 **Instagram**의 다음 작업을 허용하시겠습니까? 기기 사진, 미디어, 파일 액세스

○ 다시 묻지 않음

거부   허용

12 스마트폰의 최근 사진이 표시됩니다. 더 많은 사진 중에서 고르기 위해 왼쪽 상단의 삼선 메뉴 ☰를 터치합니다.

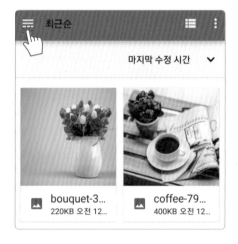

≡ 최근순   ⊞ ⋮

마지막 수정 시간 ⌄

bouquet-3...   coffee-79...
220KB 오전 12...   400KB 오전 12...

13 갤러리를 터치합니다.

14 프로필 사진으로 사용할 사진이 저장된 앨범을 터치합니다. 일반적으로 카메라 앨범을 터치합니다.

15 프로필 사진으로 사용할 사진을 터치합니다.

16 사진을 밀어주어 프로필이 예쁘게 보이도록 설정하고 →를 터치합니다.

인스타그램

17 다음을 터치합니다.

18 페이스북을 사용하고 있다면 Face book에 연결을 터치합니다.

★ 페이스북을 사용하고 있지 않다면 건너뛰기를 터치합니다.

19 페이스북 친구 중에서 인스타그램을 사용하는 친구가 있다면 다음과 같이 팔로우 버튼이 나타납니다. 팔로우를 터치합니다.

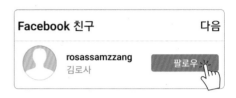

20 팔로우가 되었으면 팔로잉이라고 표시됩니다. 다음을 터치합니다.

21 주소록 사용을 허용할지 물으면 허용을 터치합니다.

22 인스타그램을 사용하는 친구들 목록이 나타납니다. 인스타그램에서 소식을 주고받고 싶은 친구가 있다면 팔로우를 터치하고 다음을 터치합니다.

23 이 기기에서 로그인할 때 로그인 정보를 입력하지 않아도 되도록 저장을 터치합니다.

24 인스타그램이 시작되면 친구들의 글이 최신순으로 보여집니다.

인
스
타
그
램

📷 프로필에 웹사이트 등록하기

인스타그램은 소통의 공간이므로 프로필을 통해 자신을 표현하는 것이 중요합니다. 특히 프로필에 웹사이트를 등록할 수 있어서, 자신이 운영하는 블로그 또는 쇼핑몰 등의 사이트를 등록하여 친구들이 쉽게 방문할 수 있도록 합니다.

1 인스타그램 화면 하단에서 ♀를 터치합니다.

2 프로필 수정을 터치합니다.

3 웹사이트를 터치하여 자신의 웹사이트 주소를 입력합니다.

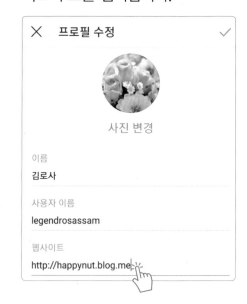

4 소개글을 입력하기 위해 소개 란을 터치합니다.

웹사이트
http://happynut.blog.me

소개

소개

5 소개글을 입력하고 ✓를 터치합니다.

6 프로필 수정이 완료되면 ✓를 터치합니다.

7 프로필에 웹사이트가 등록되었습니다. 웹사이트 주소를 터치하면 이동합니다.

8 해당 사이트로 이동합니다.

인스타그램

📷 프로필에 이메일 등록하기

인스타그램에 전화번호만 등록하면, 전화번호가 바뀌었을 때 비밀번호 찾기 등의 작업을 할 수 없게 되므로 이메일을 등록하는 것이 좋습니다.

1 인스타그램 화면 하단에서 ⊗를 터치합니다.

2 프로필 수정을 터치합니다.

3 이메일 주소 란을 터치합니다.

4 이메일 주소를 입력하고 ✓를 터치합니다.

5 확인을 입력합니다.

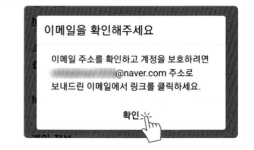

6 스마트폰의 홈 단추를 터치합니다.

7 메일 앱을 실행하고 인스타그램에서 발송된 메일을 터치합니다.

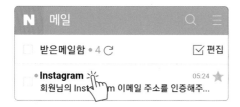

8 이메일 주소 확인을 터치합니다.

9 **사용할 애플리케이션**에서 Instagram 을 터치하고 항상을 터치합니다.

10 확인을 터치합니다.

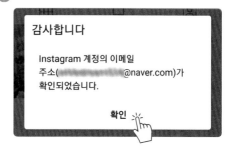

CHAPTER

02 사진 올리기

🔲 인스타그램에 사진 올리기

1 인스타그램을 실행하고 화면 하단에서 ⊕를 터치합니다.

2 인스타그램에 올릴 사진을 터치하여 선택합니다.

※ 인스타그램에 올리는 사진의 비율은 1:1이 적당합니다. 올리고자 하는 사진의 비율이 1:1이 아니고, 중요한 부분이 잘려나간다면 ◪를 터치합니다.

3 여러 장의 사진을 올리고 싶다면 ⬛여러 항목 선택 을 터치한 후 올릴 사진들을 차례대로 터치합니다.

4 다음을 터치합니다.

5 사진에 적용할 **필터**를 선택합니다. 화면을 왼쪽으로 밀어주며 다양한 필터를 터치해본 후 가장 어울리는 필터를 선택합니다.

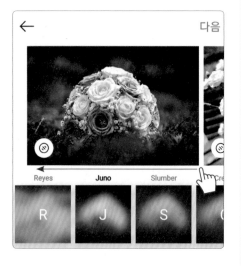

★ 마음에 드는 필터가 없다면 Normal을 선택합니다.

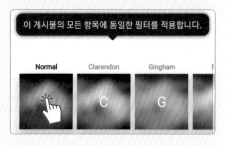

6 사진에 어울리는 글을 입력하고 **위치 추가**를 터치합니다.

7 **허용**을 터치합니다.

8 하단에 표시된 위치들 중에서 **표시할 위치**를 터치합니다.

9 공유를 터치합니다.

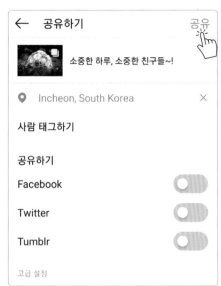

10 사진과 글이 등록되었습니다.

11 사진 하단의 ···는 사진이 3장 등록되었다는 표시입니다. 화면을 왼쪽으로 밀어주면 다음 사진을 확인할 수 있습니다.

★ Instagram **평가하기** 화면이 나타나면 안 할래요를 터치합니다.

📷 해시태그 활용하기

해시태그는 글을 올릴 때 # 뒤에 글과 관련된 단어나 문장을 띄어쓰기 없이 입력하는 것입니다. 예를 들면 #인천맛집, #셀카, #먹스타그램 등의 방식으로 입력합니다.

등록된 해시태그를 클릭하면 같은 해시태그를 단 글 목록을 볼 수 있고, 나를 모르던 다른 사용자들이 내 글을 볼 수 있게 됩니다. 특히 마케팅으로 사용하는 경우 해시태그가 매우 유용한 도구이며, 때로는 유행처럼 특정 해시태그가 사용되기도 합니다.

1 인스타그램을 실행하고 화면 하단에서 ⊕를 터치합니다.

2 올리고자 하는 사진을 터치하고 다음을 터치합니다.

3 사진에 어울리는 필터를 터치하고 다음을 터치합니다.

4 글을 입력합니다. 해시태그를 먼저 입력해도 되고, 글을 먼저 입력해도 상관없습니다. 글과 해시태그를 섞어가며 입력하기도 합니다.

5 해시태그를 입력하려면 **#**을 입력한 후 사진과 연관된 단어를 입력합니다. 다른 사람들도 입력한 해시태그일 경우 다음과 같이 하단에 관련 게시물 개수도 표시됩니다.

6 사진과 관련된 글을 작성하고 공유를 터치합니다.

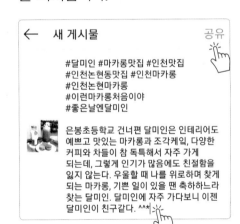

7 글이 등록되면 해시태그가 파란색으로 표시됩니다. 해시태그를 터치하면 관련 글들을 볼 수 있습니다.

★ 해시태그 중에서 마카롱맛집을 터치하면 마카롱맛집을 해시태그로 작성한 다른 글을 볼 수 있습니다.

8 마카롱맛집 관련 글들 중에서 마음에 드는 사진을 터치합니다.

9 새로운 마카롱 맛집 글을 확인할 수 있습니다. 이 글의 작성자는 사진 위 dear.my＿＿＿입니다. 이 사진이 마음에 들면 팔로우를 터치합니다.

10 팔로우를 터치하면 다음과 같이 친구가 되었음을 표시하는 **팔로잉**으로 바뀌게 됩니다. ID를 터치하면 이 사용자의 다른 글도 확인할 수 있습니다.

★ 팔로우를 터치하면 친구가 되어, 이 사용자가 다른 글을 올릴 때 나에게도 그 소식이 전달됩니다.

11 사용자의 프로필과 다른 글들을 확인할 수 있습니다. ←를 세 번 터치하면 다시 내 글로 돌아갑니다.

CHAPTER

03 글 관리하기

 글 수정하기, 삭제하기

등록한 글의 내용이 잘못 등록되었을 때는 메뉴를 이용하여 수정하고 삭제할 수 있습니다. 위치를 새롭게 추가할 수 있지만 사진은 수정할 수 없습니다.

1 수정하려면 오른쪽 상단 메뉴 ⋮를 터치합니다.

2 수정을 터치합니다.

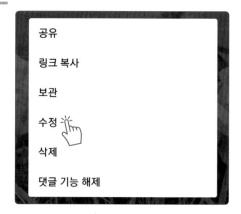

공유

링크 복사

보관

수정

삭제

댓글 기능 해제

3 글을 입력하거나 수정하고 오른쪽 상단의 ✓를 터치합니다.

☞ 위치 추가 를 터치하면 위치를 새롭게 추가할 수 있습니다.

4 내용이 추가로 수정 등록되었습니다.

5 삭제하려면 메뉴 ⋮를 터치하고 삭제를 터치합니다.

6 삭제를 터치합니다.

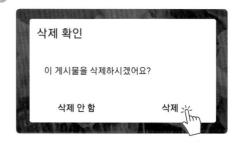

◉ 카카오톡으로 공유하기

메뉴를 이용하면 등록한 글을 카카오톡 친구에게 공유할 수 있습니다.

1 공유할 사진의 오른쪽 상단 메뉴 ⋮ 를 터치합니다.

2 공유를 터치합니다.

3 다른 앱과 링크 공유를 터치합니다.

4 **사용할 애플리케이션**에서 카카오톡 을 터치합니다.

5 받을 사람을 선택하고 확인을 터치합니다.

6 다음과 같이 인스타그램 글의 링크가 전송됩니다.

7 링크를 터치하면 인스타그램의 사진을 확인할 수 있습니다. 화면 하단의 ⊠를 터치하면 로그인 화면이 사라지고 글을 확인할 수 있습니다.

인스타그램

📷 좋아요, 댓글 남기기

인스타그램은 소통의 도구이므로, 친구들의 글에 반응을 보여주는 것이 좋습니다. 피드에서 확인한 글들 중 마음에 드는 글은 좋아요를 누르고 댓글을 남깁니다.

1 마음에 드는 글 하단의 ♡를 터치합니다.

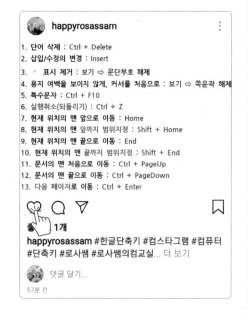

2 ♥가 되었습니다. 해당 사용자에게 이 소식이 전해집니다.

☆ 다시 터치하면 좋아요가 해제되고 ♡으로 돌아옵니다.

3 댓글을 남기기 위해 **댓글 달기** 란을 터치합니다.

4 **댓글을 입력**합니다.

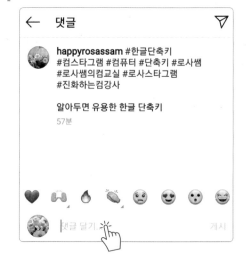

5 게시를 터치합니다.

6 피드로 돌아가기 위해 ←를 터치합니다. 댓글을 잘못 입력했을 때는 댓글을 오래 터치합니다.

7 삭제하기 🗑를 터치합니다.

8 취소 메시지가 나타납니다. 빨간 막대를 터치하면 삭제를 취소하여 화면에 표시되도록 합니다.

댓글 확인하기

1 하단의 ♡를 터치합니다.

★ ♡ 아래에 빨간 점이 있다는 것은 확인하지
않은 새로운 소식이 있다는 뜻입니다.

2 친구가 남긴 댓글을 터치합니다.

3 댓글을 확인합니다. 댓글이 마음에
든다면 ♡를 터치하여 댓글에 **좋아
요**가 표시되도록 합니다. 댓글에 또
댓글을 달려면 rosassamzzang님에게 답글 달기...
를 터치합니다.

4 댓글을 입력한 후 게시를 터치합니다.

5 다음과 같이 댓글이 입력되었습니다.

ⓘ 글 숨기기, 취소하기

내 피드에 등록된 글 중 보고싶지 않은 글이 있다면 메뉴를 이용하여 숨기기할 수 있습니다. 팔로우 관계를 유지하면서 상대의 글만을 숨기는 기능입니다.

1 숨기고자 하는 글의 메뉴 ⋮를 터치합니다.

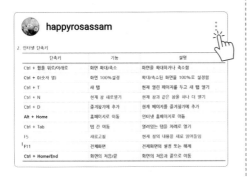

2 숨기기를 터치합니다.

★ 홍보성 글이거나, 보기에 불편한 글이 있다면 신고를 터치합니다.

★ 팔로우 취소를 터치하면 더 이상 해당 사용자를 팔로우하지 않으므로 사용자의 소식이 표시되지 않습니다.

3 게시물 및 스토리 숨기기를 터치합니다.

★ **스토리**는 인스타그램에 사진이나 동영상을 바로 촬영하여 등록하는 기능입니다. 다양한 스티커와 글자로 나만의 개성을 표현할 수 있습니다.

4 숨김 표시가 나타나고 해당 사용자의 글이 사라집니다.

5 숨기기를 취소하려면 오른쪽 하단의 으를 터치하여 내 프로필로 이동합니다.

6 내가 팔로잉한 사용자를 확인하기 위해 팔로잉을 터치합니다.

7 숨기기했던 사용자 이름을 터치합니다.

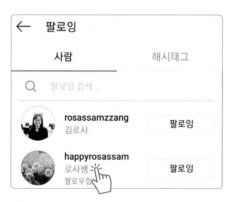

8 숨기기 취소를 터치합니다.

9 숨기기 취소됨 메시지가 표시됩니다. ←를 두 번 터치합니다.

10 피드를 확인하기 위해 홈 ⌂을 터치합니다. 피드에 해당 사용자의 사진이 다시 표시됩니다.

CHAPTER

04 친구 관리하기

친구 찾아 팔로우하기, 취소하기

인스타그램을 시작하면 나의 글과 내가 팔로우한 친구들의 글이 등록된 순서대로 보여집니다. 다양한 소식을 전달받기 위해서는 많은 친구들을 팔로우하는 것이 좋습니다. 실수로 팔로우하여 취소하고 싶을 때는 프로필을 터치한 후 ⚲ 를 터치합니다.

1 인스타그램을 실행하고 화면 하단에서 ⚲ 를 터치합니다.

2 하단의 추천 게시물을 터치하거나 검색 란을 터치한 후, 검색할 단어를 입력합니다.

3 검색한 단어가 포함된 태그를 보여줍니다. 사람을 터치합니다.

4 마음에 드는 프로필을 터치합니다.

5 프로필을 확인하고 **팔로우**를 터치
합니다.

★ 팔로워 : 인천공항의 소식을 받는 사람들
★ 팔로잉 : 인천공항이 친구로 등록한 사람들

6 팔로우하면 **메시지**로 변경됩니다.

★ 앞으로 인천공항이 올리는 게시물이 내 인스
타그램 피드에 표시되어 확인할 수 있습니다.

7 팔로우를 취소하려면 **친구의 프로
필**을 터치하고 ⠀ 를 터치합니다.

8 팔로우를 취소할 것인지 물으면 **팔
로우 취소**를 터치합니다.

9 팔로우가 취소되면 다음과 같이 다
시 **팔로우**가 표시됩니다.

◉ 이름을 검색하여 팔로우하기, 메시지 보내기

1 화면 하단에서 🔍 를 터치한 후 팔로우하고 싶은 친구의 이름을 입력합니다. 검색된 결과 중에서 팔로우하고 싶은 친구의 프로필을 터치합니다.

2 팔로우를 터치합니다.

3 팔로우된 친구에게 메시지를 보내기 위해 메시지를 터치합니다.

4 화면 하단에서 글을 입력할 부분을 터치하여 글을 입력하고 보내기를 터치합니다.

5 메시지가 전송되었습니다.

⬤ 받은 메시지 확인하기

메시지를 받으면 오른쪽 상단에 💬가 나타납니다.

1 오른쪽 상단의 새 메시지 💬를 터치합니다.

2 친구에게서 도착한 메시지는 바로 보입니다. 하지만 내가 팔로우하지 않은 사람에게서 도착한 메시지는 요청 1개를 터치해야 볼 수 있습니다.

3 메시지를 읽으려면 보낸 사람의 글을 터치합니다. 메시지를 읽지 않으려면 모두 거절을 터치합니다.

4 글을 읽고 앞으로 이 사용자의 메시지를 받을 것인지, 받지 않을 것인지 선택합니다.

★ 메시지를 받으려면 허용, 받지 않으려면 거절을 터치합니다.

5 답변을 하기 위해 메시지를 입력하고 보내기를 터치합니다.

★ 내가 보낸 메시지를 상대방이 읽으면 👁 legendrosassam가 나타납니다.

★ 상대방의 메시지를 두 번 터치하면 ♥가 표시되어 메시지가 마음에 든다는 것을 표현할 수 있습니다.

6 피드를 확인하기 위해 ←를 두 번 터치합니다.

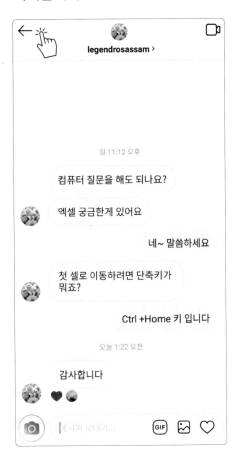

CHAPTER

05 앱 설정하기

비공개 계정으로 변경하기

비공개 계정으로 변경하면, 현재 팔로워들은 유지되지만 이후에는 승인된 사람만 나의 사진과 동영상을 확인할 수 있습니다.

1 하단 메뉴에서 **을** 터치한 후 **삼 선 메뉴**를 터치합니다.

2 **설정**을 터치합니다.

3 화면을 위로 밀어주어 **비공개 계정** 을 터치합니다.

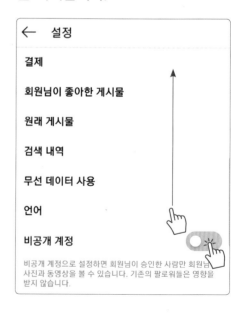

4 확인을 터치합니다.

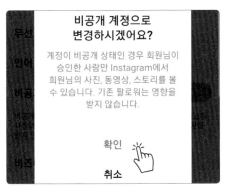

5 비공개 계정으로 설정되었습니다.

6 현재 비공개 계정인 legendrosa ssam이 나를 팔로우한 상태이므로 맞팔로우 하기로 되어 있습니다.

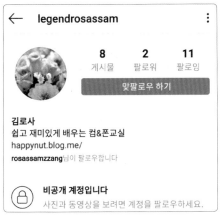

★ 비공개 계정은 사진과 동영상이 표시되지 않고, 비공개 계정으로 표시됩니다. 사진을 보기 위해서는 팔로우하기를 터치합니다.

7 팔로우가 바로 진행되지 않고 요청됨으로 나타납니다.

8 팔로우 요청을 받은 legendrosa ssam의 인스타그램에는 알람이 울리고 팔로우 요청 메시지가 표시됩니다. 확인하기 위해 팔로우 요청을 터치합니다.

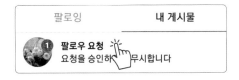

9 확인을 터치합니다.

★ 삭제를 터치하면 팔로우 요청자는 나의 사진/동영상을 확인할 수 없습니다.

좋아요 누른 게시물 확인하기

1 하단 메뉴에서 ○을 터치한 후 삼 선 메뉴를 터치합니다.

2 설정을 터치합니다.

3 회원님이 좋아한 게시물을 터치합 니다.

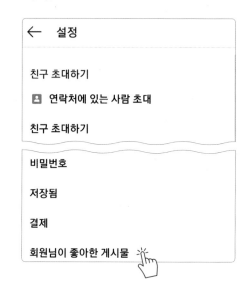

4 내가 좋아요를 눌렀던 게시물들을 다시 확인할 수 있습니다.

📷 댓글을 허용할 사람 선택하기

모르는 사람들이 홍보성 댓글로 등록하는 경우가 있습니다. 이를 차단하려면 댓글 관리에서 팔로워/팔로잉하는 사람들만 댓글을 등록하도록 설정합니다.

1 설정에서 **댓글 관리**를 터치합니다.

2 **댓글을 허용할 사람 선택**을 터치합니다.

3 **내가 팔로우하는 사람 및 내 팔로워**를 터치합니다.

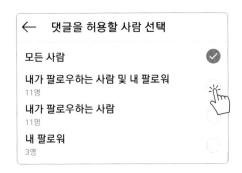

4 ←를 터치합니다.

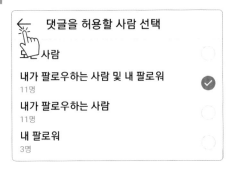

댓글을 차단할 사람 선택하기

홍보성이나 불편한 댓글을 등록한다면 해당 사용자의 댓글만 차단할 수 있습니다. 댓글은 차단되어 보이지 않지만, 본인은 그 사실을 알 수 없습니다.

1 설정에서 **댓글 관리**를 터치합니다.

2 **댓글을 차단할 사람 선택**을 터치합니다.

3 **검색** 란을 터치하고 **이름을 입력**합니다.

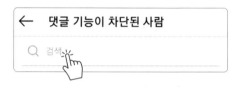

4 검색 결과 중에서 차단할 사람의 **차단**을 터치합니다.

5 차단된 사람과 **차단 해제**가 표시됩니다.

★ **차단 해제**를 터치하면 댓글 차단이 해제되어, 해당 사용자의 댓글이 보이게 됩니다.

⊙ 알림 설정하기

팔로워가 내 글에 좋아요 또는 댓글을 등록했을 때 알림이 표시됩니다. 알림이 너무 자주 울려 불편하다면 설정을 변경합니다.

1 설정에서 푸시 알림을 터치합니다.

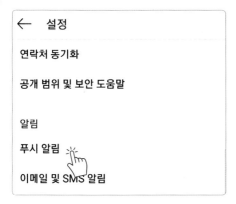

2 모든 사람의 좋아요와 댓글 알림을 받도록 설정되어 있습니다. 좋아요에 대한 알림은 중요하지 않으므로 해제를 터치합니다.

3 화면을 위로 밀어 **댓글 좋아요**에 대한 알림을 해제하고, **회원님이 나온 사진의 좋아요 및 댓글**에 대한 알림도 해제합니다.

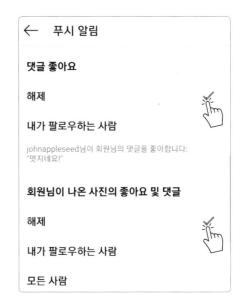

4 알림에 대한 설정을 완료한 후 ← 를 터치하여 이전으로 돌아갑니다.

인스타그램 탈퇴하기

인스타그램을 탈퇴하고자 할 때 탈퇴 메뉴가 보이지 않아 당황하는 경우가 많습니다. 탈퇴하려면 고객센터에서 계정 삭제를 해야 합니다.

1 설정에서 **고객 센터**를 터치합니다.

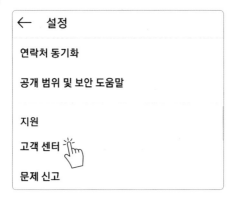

2 계정 관리를 터치합니다.

3 계정 삭제를 터치합니다.

4 내 계정을 삭제하려면?을 터치합니다.

계정 삭제

˅ 계정을 일시적으로 비활성화하려면?

˅ 내 계정을 삭제하려면?

˅ Instagram의 내 데이터에 액세스하고 검토하려면?

★ 잠시 인스타그램을 쉬고자 한다면 계정을 일시적으로 비활성화하려면?을 터치합니다.

5 계정 삭제 페이지로 이동합니다.를 터치합니다.

계정 삭제

˅ 계정을 일시적으로 비활성화하려면?

˅ 내 계정을 삭제하려면?

계정을 삭제하면 프로필, 사진, 동영상, 댓글, 좋아요, 팔로워도 영구적으로 삭제됩니다. 잠시 계정을 사용하지 않으려는 경우 대신 계정을 일시적으로 비활성화할 수 있습니다.

계정을 삭제한 후에는 동일한 사용자 이름으로 다시 가입하거나 동일한 사용자 이름을 다른 계정에 추가할 수 없으며, 삭제한 계정은 다시 활성화할 수 없습니다.

영구적으로 계정을 삭제하려면 다음 단계를 따르세요.

1. 계정 삭제 페이지로 이동합니다. 웹에서 Instagram에 로그인하지 않았다면 먼저 로그인을 해야 합니다. ~gram 앱 내에서는 계정을 삭제할 수 없습니다.

6 **사용할 애플리케이션**에서 Instagram 을 터치하고 항상을 터치합니다.

7 **사용할 애플리케이션**에서 Naver를 터치하고 항상을 터치합니다.

8 본인의 계정이 보이면 ~~님으로 계속을 터치합니다.

☀ 만약 아이디/비밀번호를 입력하라고 하면 탈퇴할 계정의 아이디와 비밀번호를 입력하여 로그인해야 합니다.

9 현재 열린 네이버 웹브라우저에 인스타그램의 계정 아이디와 비밀번호를 저장할 것인지 물으면 탈퇴할 것이므로 나중에 하기를 터치합니다.

10 계정 삭제 이유를 선택하기 위해 펼침 단추를 터치합니다.

11 탈퇴 이유를 선택합니다.

---	◉
2차 계정을 만들었습니다	○
개인 정보 보호 문제	○
시작할 때 문제가 있음	○
삭제하고 싶은 내용이 있음	○
너무 내용이 많고 산만함	○
광고가 너무 많음	○
팔로우할 사람을 찾을 수 없음	○
기타	○

12 비밀번호를 다시 한 번 입력합니다.

계정을 삭제하시는 이유가 무엇인가요?

개인 정보 보호 문제 ▼

계정을 영구적으로 삭제하기 전에 고객 센터에 있는 다음 도움말의 내용을 따라 해보세요.

- 사용자를 차단하고 싶습니다
- 비공개 계정이 필요합니다.
- 팔로우를 취소하고 싶습니다.
- 내 계정이 해킹되었습니다

계속하려면 비밀번호를 다시 입력하세요

비밀〜를 잊으셨나요?

아래 버튼을 누르면 사진, 댓글, 좋아요, 친구 관계를 포함한 모든 데이터가 영구적으로 삭제되어 복구할 수 없게 됩니다. 이후 다른

13 내 계정 영구 삭제를 터치합니다.

계정을 삭제하시는 이유가 무엇인가요?

개인 정보 보호 문제 ▼

계정을 영구적으로 삭제하기 전에 고객 센터에 있는 다음 도움말의 내용을 따라 해보세요.

- 사용자를 차단하고 싶습니다
- 비공개 계정이 필요합니다.
- 팔로우를 취소하고 싶습니다.
- 내 계정이 해킹되었습니다

계속하려면 비밀번호를 다시 입력하세요

••••••••

비밀번호를 잊으셨나요?

아래 버튼을 누르면 사진, 댓글, 좋아요, 친구 관계를 포함한 모든 데이터가 영구적으로 삭제되어 복구할 수 없게 됩니다. 이후 다른 Instagram 계정을 만들 때 같은 사용자 이름으로 다시 가입할 수 없습니다.

내 계정 영구 삭제

14 계정을 삭제할까요?라고 물으면 확인을 터치합니다.

'https://www.instagram.com'
페이지 내용:

계정을 삭제할까요?

취소   확인

인스타그램

찾아보기

A~Z

Adobe Acrobat ·············· 233
Adobe Acrobat Reader ·············· 234
Download ·············· 229
EasyVoiceRecorder ·············· 227
m4a ·············· 224
N빵 ·············· 257
PC 연결 ·············· 155
PDF ·············· 167, 234
Play 뮤직 ·············· 103
QR코드 ·············· 034
SKIP ·············· 071
To-Do ·············· 236
URL ·············· 290
Voice Recorder ·············· 223
Watch later ·············· 305

ㄱ~ㄷ

감동카드 ·············· 070
개인/보안 ·············· 154
개인정보 보호 ·············· 317
갤러리 ·············· 049
검색 기록 ·············· 318
결제하기 ·············· 068
계정 관리 ·············· 360
계정 삭제 ·············· 360
계좌번호 ·············· 078
공개 ·············· 190
공지 ·············· 158
교환권 ·············· 070
그룹콜 ·············· 083, 276
글쓰기 ·············· 210
나가기 ·············· 126
내역보기 ·············· 076
내장 메모리 ·············· 229
녹음 단추 ·············· 221

다운로드 ·············· 152
대표태그 ·············· 199
대화멤버 ·············· 271
댓글 ·············· 179, 262
댓글 관리 ·············· 357
댓글쓰기 ·············· 179
더치페이 ·············· 080, 257
동영상 ·············· 210
동의하기 ·············· 067
드래그 ·············· 009

ㄹ~ㅂ

라이브러리 ·············· 304
로그아웃 ·············· 169
로그인 ·············· 154
링크 공유 ·············· 213, 342
마감일 ·············· 237
말풍선 ·············· 064
메시지 ·············· 352
메시지카드 ·············· 065
모바일교환권 ·············· 063
모아보기 ·············· 168
무기명 투표 ·············· 219
무료 체험하기 ·············· 308
무료통화 ·············· 039
무음 ·············· 278
묶어보내기 ·············· 054
문자 모아보기 ·············· 030
미리 알림 ·············· 251
반복 주기 ·············· 249
받기 ·············· 077
배경사진 ·············· 146
밴드 ·············· 172
밴드 채팅 ·············· 270
밴드 탈퇴 ·············· 299
밴드별 프로필 ·············· 296

범위지정 ——————— 162
보안 경고 ——————— 289
보이스톡 ————— 039, 083
복사 ————————— 162
복수 선택 ——————— 214
북마크 ————— 209, 294
분류 ————————— 196
비공개 ——————— 186
비공개 계정 —————— 354
비디오 플레이어 ———— 060

연락처 ——————— 098
열기 ————————— 165
영구 삭제 ——————— 363
영화 예매 ——————— 086
예매취소 ——————— 091
예약 ————————— 260
오래 터치 ——————— 008
오프라인 ——————— 309
외부 멤버 ——————— 242
원본 ————————— 048
원클릭 구매 ————— 109
웹사이트 ——————— 328
위치 ————————— 100
은행선택 ——————— 078
음성 녹음 ——————— 221
음성메시지 ———— 096, 268
음악 ————————— 102
음악 라이브러리 ———— 103
이메일 등록 ————— 330
이메일 주소 ————— 331
이모티콘 ——————— 107
이모티콘 스토어 ———— 107
이지 보이스 레코더 —— 224
인스타그램 ————— 322
인원 제한 ——————— 242
인증받기 ——————— 154
인증번호 ————— 075, 155
인코딩 ——————— 225
일정 ————————— 247
입금자명 ——————— 074

ㅅ~ㅇ

사진 전송 ——————— 160
삼성 뮤직 ——————— 103
상태메시지 ————— 147
새소식 ——————— 283
선물 ————————— 063
설정 ————————— 127
세부 설정 ——————— 225
소개말 ——————— 194
송금 ————————— 071
숨기기 ————— 139, 347
스와이핑 ——————— 009
스크롤 ——————— 009
스티커 ——————— 179
스피커 ————— 083, 277
슬라이딩 ——————— 009
시간 입력 ——————— 240
시청 기록 ——————— 317
알림 ————————— 122
알림 설정 ——————— 298
알림음 ——————— 127
알약M ——————— 133
앨범 ————————— 050
앨범 만들기 ————— 203
엑셀 ————————— 167

ㅈ~ㅌ

자동 등록 ——————— 253
자동 재생 ——————— 315
장소 ————————— 250
재생 ————————— 226

전달 ···· 051
전체동의 ···· 068
제한 모드 ···· 313
종료일 ···· 237
좋아요 ···· 344
주제 ···· 177
즐겨찾기 ···· 036
지도 ···· 100, 235
지역 정보 ···· 197
차단 ···· 141
참가 신청서 ···· 239
참석 여부 ···· 251
채팅 듣기 ···· 275
채팅 요청 ···· 273
첨부 ···· 187
초대 거부 ···· 130
출석 멤버 ···· 255
카메라 ···· 061
카카오톡 ID ···· 031
카카오톡 치즈 ···· 148
캡처 ···· 092
키워드 ···· 195
키패드 ···· 075
탈퇴 ···· 185
탈퇴 이유 ···· 362
탐색기 ···· 166
태그 ···· 232
터치 ···· 008
투표 ···· 214
티켓 ···· 089
티켓보기 ···· 090

팔로우 요청 ···· 355
팔로잉 ···· 348
페이스톡 ···· 039
폴더 열기 ···· 165
폴라리스 오피스 ···· 234
표정짓기 ···· 179, 283
푸시알림 ···· 184, 278, 359
프로필 ···· 182
프로필 가리기 ···· 093
프로필 비공개 ···· 142
프로필콘 ···· 149
피드 ···· 344
필터 ···· 334
한컴오피스 viewer ···· 167
항목 입력 ···· 240
해시태그 ···· 336
해제 ···· 140
화면 숨김 ···· 085

ㅍ~ㅎ

파워포인트 ···· 167
파일 전송 ···· 164
팔로우 ···· 326